呼伦贝尔
农产品地理标志

呼伦贝尔市农畜产品质量安全中心
呼伦贝尔农垦农产品质量安全办公室 组织编写

靳海宇 张绍勋 罗 旭 杜大勇 主编

中国农业科学技术出版社

图书在版编目（CIP）数据

呼伦贝尔农产品地理标志 / 靳海宇等主编． -- 北京：中国农业科学技术出版社，2025.2． -- ISBN 978-7-5116-7312-1

Ⅰ．F762.05

中国国家版本馆CIP数据核字第202557H71E号

责任编辑	李　华
责任校对	李向荣
责任印制	姜义伟　王思文

出 版 者　中国农业科学技术出版社
　　　　　北京市中关村南大街12号　　邮编：100081
电　　话　（010）82109708（编辑室）　（010）82106624（发行部）
　　　　　（010）82109709（读者服务部）
网　　址　https://castp.caas.cn
经 销 者　各地新华书店
印 刷 者　北京建宏印刷有限公司
开　　本　185 mm×260 mm　1/16
印　　张　11.25
字　　数　240千字
版　　次　2025年2月第1版　2025年2月第1次印刷
定　　价　85.00元

◀━━ 版权所有·侵权必究 ━━▶

《呼伦贝尔农产品地理标志》

编委会

主　　编： 靳海宇　　张绍勋　　罗　旭　　杜大勇

副 主 编： 宋爱华　　郅　飞　　李剑军　　谷永丽　　张文坤
　　　　　　付晓明　　陈丽杰　　刘宏武　　闫　鹏　　辛宝胜
　　　　　　李　勇　　曲照清　　张永乐　　张智颖

参编人员： 吕光萍　　刘欣雨　　郭庆爽　　冯　慧　　王　喆
　　　　　　李博哲　　朱晓东　　林　昕　　皇金龙　　连俊琪
　　　　　　王桂玲　　贾开颜　　赵秋玲　　郑海旭　　高显颖
　　　　　　阿米娜　　刘利慧　　包阿如那　王佳琪　　邹世辉
　　　　　　宋　特　　费子璇　　于晓婧　　李梦竹　　郭建勋
　　　　　　孙　亮　　巴日夫　　罗　洋　　胡　睿　　王　海
　　　　　　李　松　　房继辉　　鄂雪松　　王　嘉　　关　丽
　　　　　　高国荣　　刘　念　　林晓明　　于小桐　　刘丽萍
　　　　　　孙桂梅

序

PREFACE

呼伦贝尔市位于内蒙古自治区东北部，以境内的呼伦湖和贝尔湖得名，南部与兴安盟相连，东部以嫩江为界与黑龙江省为邻，北和西北部以额尔古纳河为界与俄罗斯接壤，西和西南部同蒙古国交界。地处北纬47°05′~53°20′，东经115°13′~126°04′。东西630千米，南北700千米，总面积25.3万平方千米，相当于山东省与江苏省两省之和。与俄罗斯、蒙古国边境线1 733.32千米。呼伦贝尔市下辖14个旗（市、区），其中，有2个区（海拉尔区、扎赉诺尔区），5个市（满洲里市、牙克石市、扎兰屯市、额尔古纳市、根河市），7个旗（阿荣旗、莫力达瓦达斡尔族自治旗、鄂伦春自治旗、鄂温克族自治旗、陈巴尔虎旗、新巴尔虎左旗、新巴尔虎右旗）。呼伦贝尔市总面积约25.3万平方千米。全市草原总面积为1.49亿亩，其中可利用面积1.38亿亩。全市水资源总量316.19亿立方米，其中地表水资源量298.19亿立方米，地下水资源量18亿立方米。自然资源十分丰富，拥有森林、草原、湿地、湖泊、河流，构成了目前中国规模最大、最为完整的生态系统，是中国重要的农牧产品生产基地。呼伦贝尔人文历史悠久，是我国北方狩猎、游牧民族的重要发祥地，曾经生活过鲜卑、契丹、女真等众多民族，现今全市有民族42个。

呼伦贝尔属亚洲中部蒙古高原的组成部分。大兴安岭以东北—西南走向纵贯呼伦贝尔市中部，形成三大地形单元和经济类型区域：大兴安岭山地为林区，海拔700~1 700米；岭西为呼伦贝尔草原，是草原畜牧业经济区，海拔550~1 000米；草原与林地的过渡地带，多是黑钙土，适于发展种植业，形成以农牧企业为主要成分的农牧结合经济带；岭东地区为低山丘陵与河谷平原，形成种植业为主的农业经济区，海拔200~500米。呼伦贝尔市土地总面积3.8亿亩，资源丰富、类型多样，全市土地分为八大类，二级分类共42种类型，耕地土壤以黑土、暗棕壤、黑钙土和草甸土为主，土质肥沃，自然肥力高。呼伦贝尔草原位于大兴安岭以西，是牧业四旗——新巴尔虎右旗、新巴尔虎左旗、陈巴尔虎旗、鄂温克族自治旗和海拉尔区、满洲里市及额尔古纳市南部、牙克石市西部草原的总称。由东向西呈规律性分布，地跨森林草原、草甸草原和干旱草原3个地带。除东部地区约占该区面积的10.5%为森林草原过渡地带外，其余多为天然草场。全市草原总面积为1.49亿亩，其中可利用面积1.38亿亩。多年生草本植物是组成呼伦贝尔草原植物群落的基本生态性特征，草原植物资源1 000余种，隶属100科、450属。呼伦贝尔草场又可分为八大类，主要有六大类，即山地草甸、山地草甸草原、丘陵草甸草原、平原丘陵干旱草原、沙地植被草地、低地草甸草场。全市林地面积1 630万公顷，森林面积1 324.33万公顷，森林蓄积量13.15亿立方米，森林覆盖率52.35%。

呼伦贝尔市气候分布特点以大兴安岭为分界线。气候类型分为岭东区的季风气候区和岭西区的大陆气候区。从年降水量类型看，岭东区为半湿润性气候，年降水量在500～800毫米；岭西区为半干旱性气候，年降水量为300～500毫米。全市气候的总特征呈现为冬季寒冷干燥，夏季炎热多雨。年温度差、日期温差大。

习近平总书记交给内蒙古自治区的"五大任务"指明了内蒙古自治区全面贯彻新发展理念和融入新发展格局的努力方向和着力重点。2023年中央一号文件以"推进农业绿色全面转型"为主题，提出要"深入推进农业生产和农产品'三品一标'，扩大绿色、有机、地理标志和名特优新产品规模"。自治区政府工作报告明确把完成好"五大任务"作为政府工作的重中之重，呼伦贝尔市农牧局紧紧围绕"五大任务"谋篇布局、铺陈展开。加强农产品地理标志登记和保护工作成为建设农畜产品生产基地的重要抓手，是增强地区特色产业造血功能，提升品牌价值，促进特色产业融合发展的重要举措。

为了更好地宣传呼伦贝尔市农产品地理标志，提高产品知名度和品牌影响力，满足管理者、生产经营者、消费者、证书授权单位等各方面需求，呼伦贝尔市农畜产品质量安全中心和呼伦贝尔农垦集团农产品质量安全办公室组织编写了《呼伦贝尔农产品地理标志》一书，本书包括全市32个农产品，详细介绍了每个农产品地理标志的地域范围、品质特色、人文历史、生产特点、授权单位等，并配有精美图片。本书编写过程中得到了各级农产品地理标志工作机构及登记证书持有人的大力支持，在此表示感谢。

由于个别产品资料收集不够全面，加之编写时间仓促，难免出现纰漏，敬请读者批评指正。

呼伦贝尔市农畜产品质量安全中心
2024年10月

目 录
CONTENTS

第一部分　农产品地理标志管理 ·· 1

　农产品地理标志管理办法 ·· 3
　农产品地理标志使用规范 ·· 7
　农产品地理标志登记证书变更规范 ·· 9

第二部分　呼伦贝尔农产品地理标志质量控制技术规范 ····················· 15

　呼伦贝尔油菜籽质量控制技术规范 ··· 17
　三河牛质量控制技术规范 ··· 20
　三河马质量控制技术规范 ··· 25
　呼伦湖鲤鱼质量控制技术规范 ·· 30
　呼伦湖白鱼质量控制技术规范 ·· 33
　呼伦湖小白鱼质量控制技术规范 ··· 36
　呼伦湖秀丽白虾质量控制技术规范 ··· 39
　呼伦贝尔芸豆质量控制技术规范 ··· 42
　扎兰屯大米质量控制技术规范 ·· 47
　扎兰屯白瓜籽质量控制技术规范 ··· 52
　扎兰屯黑木耳质量控制技术规范 ··· 57
　扎兰屯鸡质量控制技术规范 ·· 63
　扎兰屯葵花质量控制技术规范 ·· 68
　扎兰屯沙果质量控制技术规范 ·· 76
　扎兰屯榛子质量控制技术规范 ·· 82
　阿荣大豆质量控制技术规范 ·· 88
　阿荣旗白鹅质量控制技术规范 ·· 91
　阿荣旗白瓜籽质量控制技术规范 ··· 95

阿荣马铃薯质量控制技术规范 …… 99
阿荣旗柞蚕质量控制技术规范 …… 102
阿荣玉米质量控制技术规范 …… 106
莫力达瓦大豆质量控制技术规范 …… 109
莫力达瓦菇娘质量控制技术规范 …… 114
莫力达瓦黄烟质量控制技术规范 …… 119
莫力达瓦苏子质量控制技术规范 …… 124
鄂伦春黑木耳质量控制技术规范 …… 129
鄂伦春蓝莓质量控制技术规范 …… 133
鄂伦春北五味子质量控制技术规范 …… 137
根河卜留克质量控制技术规范 …… 142
根河黑木耳质量控制技术规范 …… 147
牙克石马铃薯质量控制技术规范 …… 152
陈旗鲫质量控制技术规范 …… 156

第三部分　呼伦贝尔农产品地理标志保护工程 …… 159

呼伦贝尔油菜籽地理标志保护工程 …… 161
三河牛地理标志保护工程 …… 164
三河马地理标志保护工程 …… 168

第一部分

农产品地理标志管理

中华人民共和国农业部令

第11号

《农产品地理标志管理办法》业经2007年12月6日农业部第15次常务会议审议通过，现予发布，自2008年2月1日起施行。

二〇〇七年十二月二十五日

农产品地理标志管理办法

第一章 总 则

第一条 为规范农产品地理标志的使用，保证地理标志农产品的品质和特色，提升农产品市场竞争力，依据《中华人民共和国农业法》《中华人民共和国农产品质量安全法》相关规定，制定本办法。

第二条 本办法所称农产品是指来源于农业的初级产品，即在农业活动中获得的植物、动物、微生物及其产品。

本办法所称农产品地理标志，是指标示农产品来源于特定地域，产品品质和相关特征主要取决于自然生态环境和历史人文因素，并以地域名称冠名的特有农产品标志。

第三条 国家对农产品地理标志实行登记制度。经登记的农产品地理标志受法律保护。

第四条 农业部负责全国农产品地理标志的登记工作，农业部农产品质量安全中心负责农产品地理标志登记的审查和专家评审工作。

省级人民政府农业行政主管部门负责本行政区域内农产品地理标志登记申请的受理和初审工作。

农业部设立的农产品地理标志登记专家评审委员会，负责专家评审。农产品地理标志登记专家评审委员会由种植业、畜牧业、渔业和农产品质量安全等方面的专家组成。

第五条 农产品地理标志登记不收取费用。县级以上人民政府农业行政主管部门应当将农产品地理标志管理经费编入本部门年度预算。

第六条 县级以上地方人民政府农业行政主管部门应当将农产品地理标志保护和利用纳入本地区的农业和农村经济发展规划，并在政策、资金等方面予以支持。

国家鼓励社会力量参与推动地理标志农产品发展。

第二章 登 记

第七条 申请地理标志登记的农产品，应当符合下列条件：

（一）称谓由地理区域名称和农产品通用名称构成；

（二）产品有独特的品质特性或者特定的生产方式；

（三）产品品质和特色主要取决于独特的自然生态环境和人文历史因素；

（四）产品有限定的生产区域范围；

（五）产地环境、产品质量符合国家强制性技术规范要求。

第八条 农产品地理标志登记申请人为县级以上地方人民政府根据下列条件择优确定的农民专业合作经济组织、行业协会等组织。

（一）具有监督和管理农产品地理标志及其产品的能力；

（二）具有为地理标志农产品生产、加工、营销提供指导服务的能力；

（三）具有独立承担民事责任的能力。

第九条 符合农产品地理标志登记条件的申请人，可以向省级人民政府农业行政主管部门提出登记申请，并提交下列申请材料：

（一）登记申请书；

（二）产品典型特征特性描述和相应产品品质鉴定报告；

（三）产地环境条件、生产技术规范和产品质量安全技术规范；

（四）地域范围确定性文件和生产地域分布图；

（五）产品实物样品或者样品图片；

（六）其他必要的说明性或者证明性材料。

第十条 省级人民政府农业行政主管部门自受理农产品地理标志登记申请之日起，应当在45个工作日内完成申请材料的初审和现场核查，并提出初审意见。符合条件的，将申请材料和初审意见报送农业部农产品质量安全中心；不符合条件的，应当在提出初审意见之日起10个工作日内将相关意见和建议通知申请人。

第十一条 农业部农产品质量安全中心应当自收到申请材料和初审意见之日起20个工作日内，对申请材料进行审查，提出审查意见，并组织专家评审。

专家评审工作由农产品地理标志登记评审委员会承担。农产品地理标志登记专家评审委员会应当独立做出评审结论，并对评审结论负责。

第十二条 经专家评审通过的，由农业部农产品质量安全中心代表农业部对社会公示。

有关单位和个人有异议的，应当自公示截止日起20日内向农业部农产品质量安全中心提出。公示无异议的，由农业部做出登记决定并公告，颁发《中华人民共和国农产品地理标志登记证书》，公布登记产品相关技术规范和标准。

专家评审没有通过的，由农业部做出不予登记的决定，书面通知申请人，并说明理由。

第十三条 农产品地理标志登记证书长期有效。

有下列情形之一的，登记证书持有人应当按照规定程序提出变更申请：

（一）登记证书持有人或者法定代表人发生变化的；

（二）地域范围或者相应自然生态环境发生变化的。

第十四条 农产品地理标志实行公共标识与地域产品名称相结合的标注制度。公共标识基本图案见附图。农产品地理标志使用规范由农业部另行制定公布。

第三章　标志使用

第十五条 符合下列条件的单位和个人，可以向登记证书持有人申请使用农产品地理标志：

（一）生产经营的农产品产自登记确定的地域范围；

（二）已取得登记农产品相关的生产经营资质；

（三）能够严格按照规定的质量技术规范组织开展生产经营活动；

（四）具有地理标志农产品市场开发经营能力。

使用农产品地理标志，应当按照生产经营年度与登记证书持有人签订农产品地理标志使用协议，在协议中载明使用的数量、范围及相关的责任义务。

农产品地理标志登记证书持有人不得向农产品地理标志使用人收取使用费。

第十六条 农产品地理标志使用人享有以下权利：

（一）可以在产品及其包装上使用农产品地理标志；

（二）可以使用登记的农产品地理标志进行宣传和参加展览、展示及展销。

第十七条 农产品地理标志使用人应当履行以下义务：

（一）自觉接受登记证书持有人的监督检查；
（二）保证地理标志农产品的品质和信誉；
（三）正确规范地使用农产品地理标志。

第四章　监督管理

第十八条　县级以上人民政府农业行政主管部门应当加强农产品地理标志监督管理工作，定期对登记的地理标志农产品的地域范围、标志使用等进行监督检查。

登记的地理标志农产品或登记证书持有人不符合本办法第七条、第八条规定的，由农业部注销其地理标志登记证书并对外公告。

第十九条　地理标志农产品的生产经营者，应当建立质量控制追溯体系。农产品地理标志登记证书持有人和标志使用人，对地理标志农产品的质量和信誉负责。

第二十条　任何单位和个人不得伪造、冒用农产品地理标志和登记证书。

第二十一条　国家鼓励单位和个人对农产品地理标志进行社会监督。

第二十二条　从事农产品地理标志登记管理和监督检查的工作人员滥用职权、玩忽职守、徇私舞弊的，依法给予处分；涉嫌犯罪的，依法移送司法机关追究刑事责任。

第二十三条　违反本办法规定的，由县级以上人民政府农业行政主管部门依照《中华人民共和国农产品质量安全法》有关规定处罚。

第五章　附　则

第二十四条　农业部接受国外农产品地理标志在中华人民共和国的登记并给予保护，具体办法另行规定。

第二十五条　本办法自2008年2月1日起施行。

附图：

公共标识基本图案

农产品地理标志使用规范

第一条 为规范农产品地理标志使用，维护农产品地理标志登记证书持有人和标志使用人合法权益，根据《中华人民共和国农产品质量安全法》《农产品地理标志管理办法》等规定，制定本规范。

第二条 农产品地理标志实行公共标识与地域产品名称相结合的标注制度。

公共标识基本图案由中华人民共和国农业农村部中英文字样、农产品地理标志中英文字样和麦穗、地球、日月图案等元素构成。公共标识基本组成色彩为绿色（C100Y90）和橙色（M70Y100）。公共标识基本图案如下：

第三条 符合《农产品地理标志管理办法》第十五条规定条件的标志使用申请人可以向登记证书持有人提出标志使用申请，并提交下列材料：

（一）使用申请书；

（二）生产经营者资质证明；

（三）生产经营计划和相应质量控制措施；

（四）规范使用农产品地理标志书面承诺；

（五）其他必要的证明文件和材料。

第四条 经审核符合标志使用条件的，农产品地理标志登记证书持有人应当按照生产经营年度与标志使用申请人签订农产品地理标志使用协议，在协议中载明标志使用数量、范围及相关责任义务。

第五条 农产品地理标志使用协议生效后，标志使用人方可在农产品或者农产品包装物上使用农产品地理标志，并可以使用登记的农产品地理标志进行宣传和参加展览、展示及展销活动。

第六条 印刷农产品地理标志应当符合《农产品地理标志公共标识设计使用规范手册》要求。

全国可追溯防伪加贴型农产品地理标志由中国绿色食品发展中心统一设计、制作，农产品地理标志使用人可以根据需要选择使用。

第七条 农产品地理标志登记证书持有人应当建立规范有效的标志使用管理制度，对农产品地理标志的使用实行动态管理、定期检查，并提供技术咨询与服务。

第八条 农产品地理标志使用人应当建立农产品地理标志使用档案，如实记载地理标志使用情况，并接受登记证书持有人的监督。

农产品地理标志使用档案应当保存五年。

第九条 农产品地理标志登记证书持有人和标志使用人不得超范围使用经登记的农产品地理标志。

第十条 任何单位和个人不得冒用农产品地理标志。

冒用农产品地理标志的，依照《中华人民共和国农产品质量安全法》第五十一条规定处罚。

第十一条 对违反农产品地理标志管理规定的行为，任何单位和个人有权向县级以上地方农业行政主管部门举报或者投诉。接到举报或者投诉的农业行政主管部门应当依法处理。

第十二条 农产品地理标志登记证书持有人应当定期向所在地县级农业行政主管部门报告农产品地理标志使用情况。

县级以上地方农业行政主管部门应当加强对农产品地理标志使用情况的监督检查。

第十三条 县级以上地方农业行政主管部门应当定期将农产品地理标志使用及监督检查情况逐级报省级农业行政主管部门。

省级农业行政主管部门应当于每年1月底前向中国绿色食品发展中心报送上一年度农产品地理标志使用及监督检查情况。中国绿色食品发展中心汇总全国农产品地理标志使用及监督检查情况，并于每年2月底前报农业农村部。

第十四条 农产品地理标志使用申请书、标志使用协议样式和《农产品地理标志公共标识设计使用规范手册》等，由中国绿色食品发展中心组织制定。

第十五条 本规范自发布之日起施行。

农产品地理标志登记证书变更规范

第一条 为规范农产品地理标志登记证书变更工作，根据《农产品地理标志管理办法》等相关规定，制定本规范。

第二条 本规范适用于因登记证书持有人、产品生产地域范围或相应自然生态环境发生变化等而提出的农产品地理标志登记证书变更。

第三条 有下列情形之一的，申请人应提出证书变更申请：

（一）登记证书持有人名称发生变化的；

（二）登记证书持有人因社团法人注销或事业单位改革等而发生变化的；

（三）登记产品生产地域范围扩大的；

（四）登记产品生产地域范围缩小的；

（五）自然生态环境发生变化引起产品质量控制技术规范变化的。

第四条 登记证书持有人名称发生变化的，应向省级农产品地理标志工作机构（以下简称"省级工作机构"）提出证书变更申请，同时提交以下材料：

（一）证书变更申请（见附录）；

（二）申请人法人证书复印件；

（三）登记管理机关有关名称变更的佐证材料；

（四）农产品地理标志登记证书。

第五条 登记证书持有人因社团法人注销，或事业单位调整而不再存续，或不再符合登记申请人条件的，可由农产品地理标志所在地的地方人民政府按照《农产品地理标志登记申请人资格确定规范》重新确定拟持有人。

第六条 依据本规范第五条确定的拟持有人应向省级工作机构提出证书变更申请，并提交以下材料：

（一）证书变更申请（见附录）；

（二）拟持有人法人证书复印件；

（三）申请人资格确定文件；

（四）原证书持有人单位注销或机构改革的佐证材料；

（五）原证书持有人或其法定代表人出具的同意变更意见；

（六）农产品地理标志登记证书。

第七条 登记产品生产地域范围扩大的，登记证书持有人应向省级工作机构提出证书变更申请，并提交以下材料：

（一）证书变更申请（见附录）；

（二）扩大地域的产品品质检测报告和（或）外在感官特征鉴评报告；

（三）拟修订的质量控制技术规范；

（四）生产地域范围确定文件；

（五）其他必要的说明性或证明性材料。

产品生产地域范围扩大超出原所在地人民政府辖区范围的，在原所在地人民政府书面同意的基础上，由具有管辖权的上级人民政府所属农业农村行政主管部门进行生产地域范围确定和公示。

第八条　登记产品生产地域范围缩小的，登记证书持有人应向省级工作机构提出证书变更申请，并提交以下材料：

（一）证书变更申请（见附录）；

（二）拟修订的质量控制技术规范；

（三）生产地域范围确定文件；

（四）其他必要的说明性或证明性材料。

第九条　自然生态环境发生变化引起登记产品质量控制技术规范变化的，登记证书持有人应向省级工作机构提出证书变更申请，并提交以下材料：

（一）证书变更申请（见附录）；

（二）产品品质检测报告和（或）外在感官特征鉴评报告；

（三）拟修订的质量控制技术规范；

（四）其他必要的说明性或证明性材料。

自然生态环境变化是指区域内自然环境或生态环境发生的中长期变化，特殊年份气候异常导致的变化不必提出变更申请。

第十条　省级工作机构自受理农产品地理标志登记证书变更申请之日起，应在45个工作日内完成变更申请材料的初审和现场核查（必要时），并提出初审意见。

本规范第三条第（三）（四）条款的变更申请，应进行现场核查。第三条第（一）（二）（五）条款的变更申请，若有必要，应进行现场核查。

符合变更条件的，将变更申请材料和初审意见报中国绿色食品发展中心（以下简称"中心"）；不符合变更条件的，应在提出初审意见之日起10个工作日内书面通知申请人，并说明理由。

第十一条　中心应自收到变更申请材料和初审意见之日起20个工作日内，对变更申请材料进行审查，提出审查意见。

本规范第三条第（三）（四）（五）条款的变更申请，应组织专家评审。

第十二条　经中心审查和专家评审通过的，向社会公示。公示无异议的，由农业农村部做出登记证书变更决定并公告，换发《中华人民共和国农产品地理标志登记证书》。

本程序第三条第（五）条款的变更申请，经中心审查和专家评审通过的，由中心公布变更后的质量控制技术规范。

中心审查意见为不符合变更条件或专家评审不通过的，由中心书面通知申请人，并说明理由。

本规范由中心负责解释，自发布之日起施行。

附录

中华人民共和国农产品地理标志

证书变更申请

申请人（盖章）：_____

法人代表（签字）：_____

申请日期：_____年____月____日

中国绿色食品发展中心 制

填报说明

1. 申请人应填写《申请书》的一至五项，保证所填写和提供信息及资料真实、准确，并承担由于信息提供虚假或不准确而造成的一切责任。
2. 第六项以后为审核办理项，由各级工作机构和有关人员填写。
3. 《申请书》正反打印。
4. 《申请书》的格式和内容不允许更改。
5. 《申请书》所选"□"内打"√"。

一、证书信息

产品名称	
证书编号	
证书持有人	

二、申请人信息

全称					
地址					
法人代表		手机		邮箱	

三、申请变更类别

登记证书持有人名称	□	登记证书持有人	□
生产地域范围扩大	□	生产地域范围缩小	□
自然生态环境变化引起质量控制技术规范变化			□

四、变更内容（可附文件）

变更前	变更后

五、变更原因

六、县级工作机构审核确认（适用时）

负责人（签字、盖章）：

年　　月　　日

七、地市级工作机构审核确认（适用时）

负责人（签字、盖章）： 年　月　日

八、省级工作机构初审意见

公示情况（适用时）

公示时间：　　年　月　日至　　年　月　日
公示渠道：
公示结果：□无异议；　□有异议，具体说明：

初审	现场核查（适用时）
核查员（签字）： 年　月　日	核查组长（签字）： 年　月　日
	负责人（签字、盖章）： 年　月　日

九、中国绿色食品发展中心审查意见

地理标志处（秘书处）审查意见	专家评审意见（适用时）
审核：　　负责人：	□通过　　□暂缓　　□不通过 评审组组长（签字）： 年　月　日
中心领导意见	签字： 年　月　日
公示、公告、发证情况	经办人： 年　月　日

第二部分

呼伦贝尔农产品地理标志质量控制技术规范

呼伦贝尔油菜籽质量控制技术规范

编号：AGI2011-03-00649

本质量控制技术规范规定了呼伦贝尔油菜籽地域范围、独特自然生态环境、特定生产方式、产品品质特性特征和质量安全规定、标志使用规定等要求。本规范文本2011年经中华人民共和国农业部公告为国家强制性技术规范，各相关方必须遵照执行。

1 地域范围

呼伦贝尔油菜籽农产品地理标志地域保护范围包括以呼伦贝尔农垦集团11个农牧场为主的施业区，地域保护范围涵盖呼伦贝尔市13个旗（市、区），即海拉尔区、满洲里市、扎兰屯市、牙克石市、根河市、额尔古纳市、阿荣旗、莫力达瓦达斡尔族自治旗、鄂伦春自治旗、鄂温克族自治旗、新巴尔虎左旗、新巴尔虎右旗、陈巴尔虎旗。介于东经115°31′~126°04′、北纬47°05′~53°20′高纬度地带，大兴安岭山地东西两侧，及向呼伦贝尔草原过渡地段。地域保护总面积300万亩[①]，年产量50万吨。

2 独特自然生态环境

呼伦贝尔油菜籽产地呼伦贝尔市处于东部季风区与西北干旱区的交汇处，是大兴安岭—蒙古高原过渡地带，多变的气候、复杂的地形兼以额尔古纳河水系对地形纵横切割，形成多样的景观生态类型，生长着丰富的植物区系，具有较高的生态服务价值和生产资源价值，是我国重要的自然生态遗产之地。

产地土壤以黑土、黑钙土、暗棕土和草甸土为主，土质肥沃，自然肥力高，土壤表层深度为35~50厘米，有机质含量丰富，为2%~4%。土壤结构中团粒占45%，黏体占25%，紧体占30%；pH值7~9，盐分0.15~0.20，氮0.02%~0.04%，磷0.011%~0.012%，钾0.08%~0.15%。土壤肥沃，对植物生长发育极为有利，是我国北方重要的粮油生产基地。岭东区为半湿润性气候，年降水量为500~800毫米；岭西区为半干旱性气候，年降水量为300~500毫米。冬季寒冷干燥，夏季炎热多雨。年平均气温为-5~2℃，昼夜温差大，日照充足，有效积温为1 900~2 300℃，年无霜期为

---

① 1亩≈667平方米，1公顷=15亩，全书同。

90～120天，日照时数为2 500～3 100小时，有效积温利用率高，无霜期短，雨热同季的特点为农作物的生长提供了有利的条件。

呼伦贝尔市水资源丰富，水质达到GB 5084—2021《农田灌溉水质标准》的要求，良好的自然资源为呼伦贝尔油菜籽优良的品质创造了先天条件，极有利于油菜籽的生长。

3 特定生产方式

呼伦贝尔油菜籽的生产方式按照DB15/T 2343—2021《呼伦贝尔双低油菜栽培技术规程》执行。

4 产品品质特性特征和质量安全规定

4.1 外在感官特征

呼伦贝尔油菜籽，双低高含油。角果密，结荚多，籽粒饱满，种皮呈黑色、暗褐色或红褐色，少数暗黄色，油量较高。

4.2 内在品质指标

平均芥酸含量不高于1%，含油量一般为42%～46%。不饱和脂肪酸≥90%，亚油酸含量≥17.0%，亚麻酸含量≥8.5%。副产品菜粕硫苷含量≤30微摩尔/克，蛋白质含量≥36%。

4.3 安全要求

符合NY/T 391—2021《绿色食品 产地环境质量》、NY/T 393—2020《绿色食品 农药使用准则》、NY/T 394—2023《绿色食品 肥料使用准则》标准的安全要求。

5 标志使用规定

地域范围内的呼伦贝尔油菜籽农产品生产经营者以及呼伦贝尔油菜籽加工企业，在产品包装上使用已获登记保护的农产品地理标志，须向登记证书持有人提出申请，并遵照操作规范生产，依据使用规范在其产品包装上统一使用农产品地理标志（呼伦贝尔油菜籽名称和公共标识图案组合标注形式）。

三河牛质量控制技术规范

编号：AGI2011-03-00651

本质量控制技术规范规定了登记产品的地域范围、独特自然生态环境、特定生产方式、产品品质特性特征和质量安全规定、标志使用规定等要求。本规范文本2011年经中华人民共和国农业部公告为国家强制性技术规范，各相关方必须遵照执行。

1 地域范围

三河牛农产品地理标志地域保护范围以呼伦贝尔农垦谢尔塔拉农牧场为骨干的10个农牧场为核心区，地域保护范围涵盖呼伦贝尔市13个旗（市、区），包括海拉尔区、满洲里市、扎兰屯市、牙克石市、根河市、额尔古纳市、阿荣旗、莫力达瓦达斡尔族自治旗、鄂伦春自治旗、鄂温克族自治旗、新巴尔虎左旗、新巴尔虎右旗、陈巴尔虎旗。介于东经117°15′~124°02′、北纬47°05′~51°30′高纬度地带，大兴安岭山地向呼伦贝尔草原过渡地段。

三河牛现存栏4.19万头，其中基础母牛2.07万头。

2 独特自然生态环境

三河牛产地呼伦贝尔市处于东部季风区与西北干旱区的交汇处，是大兴安岭—蒙古高原过渡地带，多变的气候、复杂的地形兼以额尔古纳河水系对地形纵横切割，形成多样的景观生态类型，生长着丰富的植物区系，具有较高的生态服务价值和生产资源价值，是我国重要的农牧业生产基地和宝贵的自然生态遗产。

呼伦贝尔草原是欧亚大陆草原的重要组成部分，是世界著名的温带半湿润典型草原，是世界草地资源研究和生物多样性保护的重要基地，也是我国乃至世界上生态保持最完好，纬度最高、位置最北，未受污染的大草原之一。

呼伦贝尔草原位于大兴安岭以西，是牧业四旗——新巴尔虎右旗、新巴尔虎左旗、陈巴尔虎旗、鄂温克族自治旗和海拉尔区、满洲里市及额尔古纳市南部、牙克石市西部草原的总称。由东向西呈规律性分布，地跨森林草原、草甸草原和干旱草原3个地带。呼伦贝尔素有"牧草王国"之称，天然草场总面积1.49亿亩。除东部地区约占该区面积的10.5%为森林草原过渡地带外，其余多为天然草场。多年生草本植物是组成呼伦贝尔草原植物群落的基本生态性特征，草原植物资源1 000余种。羊草是呼伦贝尔市分布最广的牧草种类，质量好、易保存，分布集中连片，是牲畜的主要饲草。

岭西区为半干旱性气候，年降水量为300～500毫米；岭东区为半湿润性气候，年降水量在500～800毫米。产区气候冬季虽然寒冷干燥，但夏季日照时间长、气温高，雨量充沛，雨热同季，土壤肥沃，对植物生长发育极为有利。

呼伦贝尔市水资源丰富，地表水蕴藏量和地下水埋藏量都十分丰富，水资源总量为286.6亿立方米。无工业污染，水资源保持良好，水质达到GB 5084—2021《农田灌溉水质标准》的要求。呼伦贝尔草原面积大，地势多丘陵起伏，水源充足，草地繁茂，草质优良，是三河牛得天独厚的天然牧场，也是育成三河牛的主要因素之一。

3　特定生产方式

3.1　产地

三河牛原产于呼伦贝尔市三河地区，因起源于呼伦贝尔市三河（根河、得尔布干河、哈乌尔河）地区而得名。

3.1.1　选址要求：应符合当地农牧业生产发展总体规划、土地利用发展规划，要与农牧业发展规划、农田基本建设规划和环境保护规划等相结合，科学选址，合理布局。

3.1.2　位置要求：地势应建在地势高燥、背风向阳、地下水位较低，具有一定缓坡且总体平坦的地方，不宜建在低凹、风口处，应位于居民区及公共建筑群常年主导风向的下风向处。

3.2　产地环境条件

产地环境条件符合中华人民共和国国家环境保护标准HJ 568—2010《畜禽养殖产地环境评价规范》或NY/T 391—2021《绿色食品　产地环境质量》要求。

3.2.1　具备就地无害化处理粪尿、污水的足够场地和排污条件，并通过建设环境影响评价。

3.2.2　满足卫生防疫要求，饲养区距一般道路不小于500米；距其他牲畜饲养点、兽医机构不小于2 000米；距居民区不小于3 000米。

3.2.3　水源充足，水质应符合NY 5027—2008《无公害食品　畜禽饮用水水质》要求，排水畅通，供电可靠，交通便利，地质条件能满足建设要求。

3.3　品种范围

符合GB/T 5946—2010《三河牛》国家标准及《内蒙古三河牛体型线性鉴定规程》。

3.3.1　血缘关系：谱系应有三代亲本牛号及生产性能记录。

3.3.2 血统来源：父母系的生产性能及外貌优秀，遗传性能稳定，不携带有害基因。

3.4 生产控制

3.4.1 犊牛管理、奶牛饲养管理、繁殖管理、奶厅管理及疫病防控参照《三河牛标准化管理技术集成（内部）》执行。

3.4.2 包装、搬运、储存技术标准执行企业《"三河牛"纯牛奶产品质量企业标准（内部）》。

3.4.3 生鲜奶牛乳按照企业《"三河牛"生鲜乳产品质量企业标准（内部）》要求。

3.4.4 销售：饲养的三河牛乳肉牛产品要达到商品规格，经检验检疫后并附产品标签方可进入市场销售。

4 产品品质特性特征和质量安全规定

4.1 独特感官特征

三河牛属于细致紧凑型，有乳肉兼用型外貌，毛色为红白花或黄白花。毛色以红黄白花为主，体躯高大，体质结实匀称，头部清秀，头颈结合良好，肩宽，胸深，肋骨开张好，背腰平直，体躯较长，四肢结实，肢势端正，蹄质坚实。种公牛雄性非常明显，母牛腹大而不下垂，乳房大部分呈盆状和圆形，乳腺发育良好，乳房附着良好、前后伸展稍差，乳头大小、长短适中，乳静脉长、较粗。

4.2 内在品质指标

三河牛是我国培育的第一个乳肉兼用品种，三河牛适应性强、耐粗饲、耐高寒、抗病力强、宜牧、乳脂率高、遗传性能稳定。

4.2.1 产奶量：基础母牛平均产奶量5 105.77千克，最高个体产奶9 670千克。

4.2.2 乳脂率：三河牛乳脂率高，乳脂率达4.2以上，乳蛋白质在3.6%以上，干物质在13.5%。

4.2.3 产肉性能：18月龄以上公、阉牛经过短期育肥后，屠宰率为55%，净肉率为46%。

三河牛肉质脂肪少，肉质紧实，大理石纹明显，色泽鲜红，鲜嫩可口，瘦肉率经测定为1∶0.573，氨基酸含量高，明显优于其他肉牛品种。

三河牛鲜奶质量好、色香、味佳，是补虚损、益肺胃、生津润肠的营养品。维生素、矿物质含量较高。测定证明，总体牛奶成分每百克含水分87克，蛋白质3.1~3.5克，脂肪3.0~4.8克，乳糖4.5~5.0克，碳水化合物6克，灰分0.7克，钙120毫克，磷90毫克，铁0.1毫克，硫胺素0.04毫克，抗坏血酸1毫克。

4.3 质量安全规定

产地生产环境执行中华人民共和国国家环境保护标准HJ 568—2010《畜禽养殖产地环境评价规范》或NY/T 391—2021《绿色食品　产地环境质量》要求。牛奶农药残留、添加剂、真菌、污染物不得超标。

5 标志使用规定

三河牛产品经中华人民共和国农业部批准登记使用农产品地理标志后，为保护三河牛地理标志产品，规范三河牛地理标志的使用，维护国家农产品地理标志公信力，提升三河牛品牌价值，根据《中华人民共和国农产品质量安全法》《农产品地理标志管理办法》及《农产品地理标志使用规范》等有关规定，登记证书持有人负责制定并监督执行《三河牛农产品地理标志使用规范》。

5.1 标志归属

海拉尔农牧场管理局为三河牛地理标志的唯一合法登记证书持有人，与标志使用人共同对三河牛地理标志的质量和信誉负责。

5.2 符合下列条件的单位和个人，可以向登记证书持有人申请使用三河牛地理标志

5.2.1 生产经营三河牛及相关产品符合产自三河牛地理标志所规定的地域范围。

5.2.2 生产经营三河牛及相关产品符合《中华人民共和国农产品地理标志质量控制技术规范——三河牛》及其他相关产品技术规范等所规定的内容。

5.2.3 具有一定的生产规模，并能够保持连续正常生产，建立健全生产全过程档案，具备相关生产作业所需要的与生产能力相配套且运行良好的设施装备。

5.2.4 能够严格按照登记证书持有人管理要求组织开展生产经营活动。

5.2.5 能够自觉接受登记证书持有人及相关单位的监督检查。

5.3 标志标注要求

5.3.1 登记证书持有人及时对申请人的申请材料进行审查和现场检查。经审核符合标志使用条件的申请人，登记证书持有人应当按照生产经营年度签订"三河牛地理标志使用协议"，并在协议中载明标志使用范围及相关责任义务。审查不合格的须说明理由。统一采用产品名称和农产品地理标志公共标识及商标相结合的标注形式。

5.3.2 三河牛地理标志宣传种类及适用范围如下：

耳标：适用于活体三河牛，根据国家相关规定，置于活体三河牛左耳或右耳处。

贴标：适用于三河牛加工牛肉制品、鲜牛奶等，置于产品包装物表面。

宣传：可以使用三河牛地理标志进行宣传和参加展览、展示及展销。

5.4 标志管理

5.4.1 建立健全三河牛质量控制追溯体系。

5.4.2 建立三河牛良种登记制度和三河牛地理标志使用档案记录制度，如实记载相关使用情况，标志使用档案应当保存5年以上。

5.4.3 正确规范使用三河牛地理标志，保证三河牛的品质和信誉。

5.4.4 三河牛地理标志使用人不得超范围使用、转让或买卖三河牛地理标志。

5.4.5 任何单位和个人不得伪造、冒用、混淆使用三河牛地理标志。

5.4.6 当三河牛地理标志使用人出现上述或其他违规违法行为时，登记证书持有人有权进行追究，视情节做出暂停使用、终止协议、移交司法机关等相关处理。

三河马质量控制技术规范

编号：AGI2011-03-00650

本质量控制技术规范规定了登记产品的地域范围、独特自然生态环境、特定生产方式、产品品质特性特征和质量安全规定、标志使用规定等要求。本规范文本2011年经中华人民共和国农业部公告为国家强制性技术规范，各相关方必须遵照执行。

1 地域范围

三河马农产品地理标志地域保护范围以呼伦贝尔农垦三河农牧场为骨干的主施业区，地域保护范围涵盖呼伦贝尔市13个旗（市、区），包括海拉尔区、满洲里市、扎兰屯市、牙克石市、根河市、额尔古纳市、阿荣旗、莫力达瓦达斡尔族自治旗、鄂伦春自治旗、鄂温克族自治旗、新巴尔虎左旗、新巴尔虎右旗、陈巴尔虎旗。介于东经117°15′~124°02′、北纬47°05′~51°30′高纬度地带，大兴安岭山地向呼伦贝尔草原过渡地段。

三河马在呼伦贝尔市现存量6 000匹，其中呼伦贝尔农垦三河马存量3 393匹。

2 独特自然生态环境

三河马产地呼伦贝尔市处于东部季风区与西北干旱区的交汇处，是大兴安岭—蒙古高原过渡带，多变的气候、复杂的地形兼以额尔古纳河水系对地形纵横切割，形成多样的景观生态类型，生长着丰富的植物区系，具有较高的生态服务价值和生产资源价值，是我国重要的农牧业生产基地、宝贵的自然生态遗产。

呼伦贝尔草原是欧亚大陆草原的重要组成部分，是世界著名的温带半湿润典型草原，是世界草地资源研究和生物多样性保护的重要基地，也是我国乃至世界上生态保持最完好，纬度最高、位置最北，未受污染的大草原之一。

呼伦贝尔草原位于大兴安岭以西，是牧业四旗——新巴尔虎右旗、新巴尔虎左旗、陈巴尔虎旗、鄂温克族自治旗和海拉尔区、满洲里市及额尔古纳市南部、牙克石市西部草原的总称。由东向西呈规律性分布，地跨森林草原、草甸草原和干旱草原3个地带。呼伦贝尔素有"牧草王国"之称，天然草场总面积1.49亿亩。除东部地区约占该区面积的10.5%为森林草原过渡地带外，其余多为天然草场。多年生草本植物是组成呼伦贝尔草原植物群落的基本生态性特征，草原植物资源1 000余种。羊草是呼伦贝尔草原分布最广的草种，质量好、易保存，是牲畜的主要饲草。

岭西区为半干旱性气候，年降水量为300～500毫米；岭东区为半湿润性气候，年降水量为500～800毫米。产区气候冬季虽然寒冷干燥，但夏季日照时间长、气温高，雨量充沛，雨热同季，土壤肥沃，对植物生长发育极为有利。

呼伦贝尔市水资源丰富，地表水蕴藏量和地下水埋藏量都十分丰富，水资源总量为286.6亿立方米。无工业污染，水资源保持良好，水质达到GB 5084—2021《农田灌溉水质标准》的要求。呼伦贝尔草原面积大，地势多丘陵起伏，水源充足，草生繁茂，草质优良，是三河马得天独厚的天然牧场，也是育成三河马主要因素之一。

3 特定生产方式

3.1 产地

三河马原产于呼伦贝尔市三河地区，因起源于呼伦贝尔市三河（根河、得尔布干河、哈乌尔河）地区而得名。

3.2 生产控制

3.2.1 三河马育种标准：执行1960年内蒙古自治区制定的《三河马育种规划草案》。公马体高150厘米，体长率100%～105%，胸围率115%以上，管围率13%以上。母马体高145厘米，体长率100%～105%，胸围率115%以上，管围率13%以上。

3.2.2 三河马的选种、选育、选配：三河马的选种方法是按血统来源、体尺类型、体质外貌、生产性能和后裔品质综合指标进行选择。三河马的选育采取本品选育。三河马选配的原则是根据血统来源，避免亲缘选配。选配前期采取先全体选配，后期再采取小群交配和人工授精的人工辅助交配方法进行个体选配。

3.2.3 三河马四季饲养管理：三河马主要采取利用天然草场群牧的方式饲养。一年之中马群的饲养大体分为两个阶段，即夏秋放牧抓膘期（放牧期）和冬春补草补料期（补饲期）。夜晚归牧，适量补给干草和精料。

3.2.4 三河马驹的饲养管理：妊娠母马通常无须专门护理。幼驹可随母马放牧，健壮如常，多在11月中旬离乳。在断乳同时进行编号、烙号、测尺、早期鉴定及谱系登记工作。断乳驹单独编群，专人护理，饲养在抗寒设备较好的棚舍内，圈内设有草架、补料槽、日补精料1～1.5千克，优质干草任意采食，每日饮水两次，日间进行放牧及"追赶"运动，可达到良好培育效果。

3.2.5 三河马母马的饲养管理：母马的饲养管理方式是以放牧为主，结合适当补料。

除按体尺、类型分群外,还要按育种要求分为育种核心群和一般繁殖群、核心群、繁殖群。在配种季节又可按母马的生理状态分为妊娠群和空怀群,每群马匹数为80～100匹。群牧母马的饲养管理,主要是围绕着"抓膘、保膘、保胎"3项任务进行。

3.2.6 三河马种公马的饲养管理:种公马饲养管理的任务是保证公马具有旺盛的性欲和优质精液。采用人工授精和人工辅助交配的种公马,常年舍饲,冬喂干草,夏喂青草,并补给精料,年补料1 300千克左右。小群配种的公马,在配种开始前,按选配计划,将母马组成配种群,公、母马在棚圈内同群饲养数日,使其互相熟悉,待公马能固定小群之后,再与其他小群合群放牧。在配种期,公马体力消耗较大,每天必须按时补给精料,以保持膘情和配种能力。配种结束后,立即将公马单独饲养,并担负一些短途运输任务,保持适当的运动。

3.2.7 三河马的春季放牧管理:早春,马群日间可以食少量野草,补草量相应减少,使马群逐渐适应放牧条件。此时多利用能避风雪的阳坡和草生较早的河川沿岸地带放牧。春末夏初,马群可昼夜放牧于草原。

3.2.8 三河马的夏季放牧管理:夏季炎热,蚊虫四起,可将马群赶往高处"打盘",通风纳凉,以避蚊虫。待后半夜驱马采食。夏末秋初,天气变凉,蚊蝇已少。马群可安静采食。

3.2.9 三河马的秋季放牧管理:立秋以后,草原上多种牧草都已结籽,营养价值极高,正是所谓"秋高马肥"的季节,在这个时期着重抓好秋膘。秋末霜降,牧草枯黄,此时特别注意孕马保胎,减少和防止流产,特别是在初霜时期,适当推迟早晨采食时间,霜期不到低处放牧,避免发生风湿病及冰凉刺激而引起流产。

3.2.10 三河马的棚圈管理:种公马一般都用棚舍,三面有墙,一面敞开,隔成单间,向阳背风,保持干燥。繁殖母马都用敞棚,一般棚宽8米。长度视马群大小而定,每马占5～6平方米。

3.2.11 三河马的日常管理:三河马利用井泉或河流饮水,饮水处设有水槽和补盐槽,使马群在饮水前后自由舔食。为便于抓马和进行畜牧兽医工作,设分群栏用以进行分群,捕捉生马或烈马、测尺、鉴定、修蹄、烙印、修剪鬃尾、检疫、注射、驱虫等。日常进行简单刷试,注意运动,春、秋进行修蹄两次。

3.2.12 三河马的疫病防治:制定生物药品运输、保管、储藏工作的操作规范系统;加强技术人员的培训工作,组织学习,提高兽医的业务水平;在发病的季节,组织兽医技术人员进行预防会诊,总结经验,尽早确诊及控制消灭;建立健全各项规章制度,切实执行有关操作规程;做好消毒工作,将疾病消灭在萌芽状态。

4 产品品质特性特征和质量安全规定

4.1 独特感官特征

三河马头大小适中,直头。眼大明亮。耳大小适中,直立。鼻孔开张良好。颌凹宽。颈长短适中,呈直颈和斜颈,高低适中。颈肩结合良好。鬐甲明显,肩倾斜适度。背腰平直而宽广,尻部丰满,略斜。胸部深宽,肋骨拱圆。腹部大小适中。四肢干燥,骨量充实。关节明显,飞节发育良好,腱和韧带坚实,管部较长,系长中等,蹄大小适中,蹄质坚实,多为正肢势,部分个体后肢稍外向。鬃、鬣、尾毛稀少,距毛不发达。三河马毛色主要为骝毛和栗毛,黑毛和青毛少。

4.2 内在品质指标

三河马是在大陆性气候寒温带采取群牧管理办法育成的,严酷的气候条件形成了三河马独特的品种特征。繁殖性能强,代谢机能旺盛,血液氧化能力较强。在低海拔地区红细胞715万,白细胞9 630,血红素含量71.1%。具有体质结实紧凑、骨骼坚实、结构匀称、外貌俊美、性情温驯、有悍威、耐寒、耐粗饲、恋膘性强、增膘快、掉膘慢、抗病力强、适应性良好的特征特性。三河马属兼用型,部分马匹偏乘或偏挽,公马平均体高152.7厘米,体长率103.1,胸围率13.5,体重450~500千克,母马平均体高为144.1厘米,体长率103.2,胸围率118.5,管围率12.9,体重400~450千克。

三河马力速兼备,持久力好,运步轻快,驯验记录1 000米为1′7″,1 600米为1′56″,3 200米为4′5″,50千米为2小时2′29″,100千米为7小时10′。

4.3 质量安全规定

三河马产地生产环境执行GB 5084—2021《农田灌溉水质标准》。

5 标志使用规定

地域范围内的三河马生产经营者,在三河马马体及产品包装上使用已获登记保护的农产品地理标志,须向登记证书持有人提出申请,并按照规范生产和使用标志,统一在其产品包装上使用农产品地理标志(三河马名称和公共标识图案组合标注形式)。

经审定，登记申请人申报的农产品符合农产品地理标志登记条件和相关技术标准要求，准予登记并允许在农产品或农产品包装物上使用农产品地理标志公共标识，特颁此证。

核准登记产品全称： 三河马
登记申请人全称： 海拉尔农牧场管理局
产品生产总规模： 年存栏 34000 头
质量控制规范编号： AGI2011-03-00650
登记证书编号： AGI00650

二〇一一年十一月十五日

呼伦湖鲤鱼质量控制技术规范

编号：AGI2014-02-1460

本质量控制技术规范规定了经中华人民共和国农业部登记的呼伦湖鲤鱼地域范围、独特自然生态环境、特定生产方式、产品品质特性特征和质量安全规定、标志使用等相关内容。

1 地域范围

呼伦湖是我国第四大淡水湖，也是内蒙古自治区第一大湖。位于呼伦贝尔草原腹地新巴尔虎左旗、新巴尔虎右旗和满洲里市之间，地处东经116°58′~117°47′，北纬48°40′~49°20′，属高纬度地区，湖水面积为2 339平方千米，平均水深5.7米，最大水深为8米，蓄水量为138.5亿立方米。呼伦湖水以肥（天然饵料丰富）、大（面积广阔）、洁（无工业污染）、活（有三条河为水源吞吐）而著称，以呼伦湖为主体的"三湖"（呼伦湖、贝尔湖、乌兰诺尔）和"三河"（克鲁伦河、乌尔逊河、达兰鄂罗木河）形成了完整的呼伦湖水系。呼伦湖盛产鲤鱼、红鳍鲌、餐条鱼、鲫鱼、鲇鱼、狗鱼、蒙古红鲌、秀丽白虾等31种水产品，年最高产量可达1万吨，是内蒙古自治区最大的天然、绿色、有机水产品生产基地。地域保护总面积23万公顷，年产量500吨。

2 独特自然生态环境

2.1 土壤地貌情况

呼伦湖地区属于呼伦贝尔高原的一部分，本区地貌分为湖盆、低山丘陵、湖滨平原、沙地沙岗、河谷漫滩等，湖底主要是沙质，周边被呼伦贝尔草原环绕，水质肥沃，符合鱼类生长标准。湖中除鲤鱼外，还有白鱼、小白鱼、秀丽白虾等其他鱼类和虾类。

2.2 水文情况

呼伦湖地区河流湖泊广布，地下水资源丰富。主要注水河流源于贝尔湖的乌尔逊河和源于蒙古国肯特山的克鲁伦河，还有连通额尔古纳河的吞吐性河流达兰鄂罗木河。湖的周围还有一些时令河流与湖泊。呼伦湖面积2 339平方千米，湖岸周长447千米，湖长

93千米，最大宽度41千米，总蓄水量138.5亿立方米。

2.3 气候情况

呼伦湖位于呼伦贝尔市东北部，年平均气温-1℃，无霜期110～160天，年降水量247～319毫米，年蒸发量1 400～1 900毫米，年平均日照时数2 853小时，湿度70%～80%，霜冻时间较长，初霜一般在9月上旬至9月下旬，终霜在4月下旬至5月下旬。

3 特定生产方式

呼伦湖鲤鱼产于呼伦湖天然水域，呼伦湖鲤鱼为野生的鲤鱼，生产出的鲤鱼应符合相关质量规定，鲤鱼的外观要清洁、色泽亮白，无污垢、无杂质，肉质细腻有弹性；生产出的鲤鱼产量要以保持湖区鲤鱼可持续繁殖为前提，限量捕捞，具体以呼伦贝尔市农牧局核定的产量执行。进入流通领域的产品在保证质量的前提下，要有专门的质量追踪体系，以保证广大消费者的利益，出现质量问题要及时妥善解决，维护好产品的信誉。

4 产品品质特性特征和质量安全规定

4.1 形态特征

体纺锤形，头后背部隆起，头小，明显小于体高，口亚下位，略呈马蹄形，全侧深银白色，每个鳞片的边缘颜色稍深。背鳍Ⅲ16～20；臀鳍Ⅲ5；侧线鳞36～39；下咽齿1行，1.1.3～3.1.1；腹膜灰白色。

4.2 内在品质

呼伦湖鲤鱼富含蛋白质和10余种氨基酸。每100克鱼肉中氨基酸总量>16克，其中天冬氨酸>1.60克、苏氨酸>0.70克、丝氨酸>0.60克、谷氨酸>2.52克、脯氨酸>0.70克、甘氨酸>0.60克、丙氨酸>0.80克、胱氨酸>0.20克、缬氨酸>0.80克、蛋氨酸>0.60克、异亮氨酸>0.85克、亮氨酸>1.40克、酪氨酸>0.58克、苯丙氨酸>1.00克、赖氨酸>1.50克、组氨酸>0.50克、精氨酸>1.00克。每100克鱼肉中含蛋白质>15克。每100克鱼肉中含钙>30毫克、铁>0.40毫克、锌>0.60毫克、镁>25毫克。每100克鱼肉中含胆固醇<75毫克。

呼伦湖鲤鱼氨基酸、蛋白质含量丰富，因此肉味鲜美，是淡水食用鱼中的上品，是水产品市场中最受欢迎的鱼类之一。

5　标志使用规定

本规范地域范围内的呼伦湖鲤鱼生产经营者，在产品或包装上使用农产品地理标志，须向呼伦贝尔市水产技术推广站提出申请，按照相关要求规范生产和使用标志，统一采用呼伦湖鲤鱼产品名称和农产品地理标志公共标识相结合的标注形式。

呼伦湖白鱼质量控制技术规范

编号：AGI2014-03-1505

本质量控制技术规范规定了经中华人民共和国农业部登记的呼伦湖白鱼地域范围、独特自然生态环境、特定生产方式、产品品质特性特征和质量安全规定、标志使用等相关内容。

1 地域范围

呼伦湖是我国第四大淡水湖，也是内蒙古自治区第一大湖。位于呼伦贝尔草原腹地新巴尔虎左旗、新巴尔虎右旗和满洲里市之间，地处东经116°58′~117°47′，北纬48°40′~49°20′，属高纬度地区，湖水面积为2 339平方千米，平均水深5.7米，最大水深为8米，蓄水量为138.5亿立方米。呼伦湖水以肥（天然饵料丰富）、大（面积广阔）、洁（无工业污染）、活（有三条河为水源吞吐）而著称，以呼伦湖为主体的"三湖"（呼伦湖、贝尔湖、乌兰诺尔）和"三河"（克鲁伦河、乌尔逊河、达兰鄂罗木河）形成了完整的呼伦湖水系。呼伦湖盛产鲤鱼、红鳍鲌、餐条鱼、鲫鱼、鲇鱼、狗鱼、蒙古红鲌、秀丽白虾等31种水产品，年最高产量可达1万吨，是内蒙古自治区最大的天然、绿色、有机水产品生产基地。地域保护总面积23万公顷，年产量400吨。

2 独特自然生态环境

2.1 土壤地貌情况

呼伦湖地区属于呼伦贝尔高原的一部分，本区地貌分为湖盆、低山丘陵、湖滨平原、沙地沙岗、河谷漫滩等，湖底主要是沙质，周边被呼伦贝尔草原环绕，水质肥沃，符合鱼类生长标准。湖中除白鱼外，还有鲤鱼、小白鱼、秀丽白虾等其他鱼类和虾类。

2.2 水文情况

呼伦湖地区河流湖泊广布，地下水资源丰富。主要注水河流源于贝尔湖的乌尔逊河和源于蒙古国肯特山的克鲁伦河，还有连通额尔古纳河的吞吐性河流达兰鄂罗木河。湖的周围还有一些时令河流与湖泊。呼伦湖面积2 339平方千米，湖岸周长447千米，湖长93千米，最大宽度41千米，总蓄水量138.5亿立方米。

2.3 气候情况

呼伦湖位于呼伦贝尔市东北部，年平均气温-1℃，无霜期110~160天，年降水量247~319毫米，年蒸发量1 400~1 900毫米，年平均日照时数2 853小时，湿度70%~80%，霜冻时间较长，初霜一般在9月上旬至9月下旬，终霜在4月下旬至5月下旬。

3 特定生产方式

呼伦湖白鱼产于呼伦湖天然水域；呼伦湖白鱼为野生的白鱼；生产出的白鱼应符合相关质量规定，白鱼的外观要清洁、色泽亮白，无污垢、无杂质，肉质细腻有弹性；生产出的白鱼产量要以保持湖区白鱼可持续繁殖为前提，限量捕捞，具体以呼伦贝尔市农牧局核定的产量执行；进入流通领域的产品在保证质量的前提下，要有专门的质量追踪体系，以保证广大消费者的利益，出现质量问题要及时妥善解决，维护好产品的信誉。

4 产品品质特性特征和质量安全规定

4.1 形态特征

体侧扁，侧扁而高，头小，头背部平直，全侧深银白色，体侧上部鳞片的后缘有小黑斑。背鳍Ⅲ7，灰白色；臀鳍Ⅲ24~29，具有鲜艳的橘黄色；侧线鳞64~72；下咽齿3行，2.4.4~5.4.2；腹部银白色。

4.2 内在品质

呼伦湖白鱼富含蛋白质和10余种氨基酸。每100克鱼肉中氨基酸总量>17克，其中天冬氨酸>1.80克、苏氨酸>0.70克、丝氨酸>0.65克、谷氨酸>2.50克、脯氨酸>0.80克、甘氨酸>1.00克、丙氨酸>1.00克、胱氨酸>0.15克、缬氨酸>0.80克、蛋氨酸>0.60克、异亮氨酸>0.90克、亮氨酸>1.50、酪氨酸>0.60克、苯丙氨酸>0.90克、赖氨酸>1.70克、组氨酸>0.40克、精氨酸>1.00克。每100克鱼肉中含蛋白质>16克。每100克鱼肉中含钙>450毫克、铁>0.70毫克、锌>1.30毫克、镁>28毫克。每100克鱼肉中含胆固醇<100毫克。

呼伦湖白鱼氨基酸、蛋白质含量丰富，因此肉味鲜美，是淡水食用鱼中的上品，是水产品市场中最受欢迎的鱼类之一。

5　标志使用规定

本规范地域范围内的呼伦湖白鱼生产经营者，在产品或包装上使用农产品地理标志，须向呼伦贝尔市水产技术推广站提出申请，按照相关要求规范生产和使用标志，统一采用呼伦湖白鱼产品名称和农产品地理标志公共标识相结合的标注形式。

呼伦湖小白鱼质量控制技术规范

编号：AGI2014-03-1506

本质量控制技术规范规定了经中华人民共和国农业部登记的呼伦湖小白鱼地域范围、独特自然生态环境、特定生产方式、产品品质特性特征和质量安全规定、标志使用等相关内容。

1 地域范围

呼伦湖是我国第四大淡水湖，也是内蒙古自治区第一大湖。位于呼伦贝尔草原腹地新巴尔虎左旗、新巴尔虎右旗和满洲里市之间，地处东经116°58′~117°47′，北纬48°40′~49°20′，属高纬度地区，湖水面积为2 339平方千米，平均水深5.7米，最大水深为8米，蓄水量为138.5亿立方米。呼伦湖水以肥（天然饵料丰富）、大（面积广阔）、洁（无工业污染）、活（有三条河为水源吞吐）而著称，以呼伦湖为主体的"三湖"（呼伦湖、贝尔湖、乌兰诺尔）和"三河"（克鲁伦河、乌尔逊河、达兰鄂罗木河）形成了完整的呼伦湖水系。呼伦湖盛产鲤鱼、红鳍鲌、餐条鱼、鲫鱼、鲇鱼、狗鱼、蒙古红鲌、秀丽白虾等31种水产品，年最高产量可达1万吨，是内蒙古自治区最大的天然、绿色、有机水产品生产基地。地域保护总面积23万公顷，年产量7 000吨。

2 独特自然生态环境

2.1 土壤地貌情况

呼伦湖地区属于呼伦贝尔高原的一部分，本区地貌分为湖盆、低山丘陵、湖滨平原、沙地沙岗、河谷漫滩等，湖底主要是沙质，周边被呼伦贝尔草原环绕，水质肥沃，符合鱼类生长标准。湖中除小白鱼外，还有白鱼、鲤鱼等其他鱼类和虾类。

2.2 水文情况

呼伦湖地区河流湖泊广布，地下水资源丰富。主要注水河流源于贝尔湖的乌尔逊河和源于蒙古国肯特山的克鲁伦河，还有连通额尔古纳河的吞吐性河流达兰鄂罗木河。湖的周围还有一些时令河流与湖泊。呼伦湖面积2 339平方千米，湖岸周长447千米，湖长

93千米,最大宽度41千米,总蓄水量138.5亿立方米。

2.3 气候情况

呼伦湖位于呼伦贝尔市东北部,年平均气温-1℃,无霜期110~160天,年降水量247~319毫米,年蒸发量1 400~1 900毫米,年平均日照时数2 853小时,湿度70%~80%,霜冻时间较长,初霜一般在9月上旬至9月下旬,终霜在4月下旬至5月下旬。

3 特定生产方式

呼伦湖小白鱼产于呼伦湖天然水域;呼伦湖小白鱼为野生的白鱼;生产出的小白鱼应符合相关质量规定,小白鱼的外观要清洁、色泽亮白,无污垢、无杂质,肉质细腻有弹性;生产出的小白鱼产量要以保持湖区小白鱼可持续繁殖为前提,限量捕捞,具体以呼伦贝尔市农牧局核定的产量执行;进入流通领域的产品在保证质量的前提下,要有专门的质量追踪体系,以保证广大消费者的利益,出现质量问题要及时妥善解决,维护好产品的信誉。

4 产品品质特性特征和质量安全规定

4.1 形态特征

体长侧扁,侧扁而高,头小,全侧深银白色,每个鳞片的边缘颜色稍深。背鳍Ⅲ7;臀鳍Ⅲ12~15;侧线鳞42~46;下咽齿3行,1.1.4~5.4.1;全身银白,鳍灰白色。

4.2 内在品质

呼伦湖小白鱼富含蛋白质和10余种氨基酸。每100克鱼肉中氨基酸总量>15克,其中天冬氨酸>1.30克、苏氨酸>0.60克、丝氨酸>0.60克、谷氨酸>2.00克、脯氨酸>0.70克、甘氨酸>1.00克、丙氨酸>0.80克、胱氨酸>0.20克、缬氨酸>0.60克、蛋氨酸>0.50克、异亮氨酸>0.70克、亮氨酸>1.10克、酪氨酸>0.50克、苯丙氨酸>0.80克、赖氨酸>1.10克、组氨酸>0.30克、精氨酸>0.90克。每100克鱼肉中含蛋白质>15克。每100克鱼肉中含钙>1 000毫克、铁>3.00毫克、锌>3.20毫克、镁>35毫克。每100克鱼肉中含胆固醇<150毫克。

呼伦湖小白鱼氨基酸、蛋白质含量丰富,因此肉味鲜美,是淡水食用鱼中的上品,是水产品市场中最受欢迎的鱼类之一。

4.3 遗传特性

呼伦湖小白鱼适应能力强,具有雌雄两性,体长为8厘米时性成熟,产卵期为6月中旬至7月中旬。以浮游植物的微囊藻、鼓藻、栅藻和硅藻以及着生丝状藻和枝角类为食。该品种鱼是一个区域性的种群，栖息于呼伦湖的东西两岸，以沙质底的西岸为多，那里也是呼伦湖小白鱼的产卵场地。

5 标志使用规定

本规范地域范围内的呼伦湖小白鱼生产经营者，在产品或包装上使用农产品地理标志，须向呼伦贝尔市水产技术推广站提出申请，按照相关要求规范生产和使用标志，统一采用呼伦湖小白鱼产品名称和农产品地理标志公共标识相结合的标注形式。

呼伦湖秀丽白虾质量控制技术规范

编号：AGI2014-02-1459

本质量控制技术规范规定了经中华人民共和国农业部登记的呼伦湖秀丽白虾地域范围、独特自然生态环境、特定生产方式、产品品质特性特征和质量安全规定、标志使用等相关内容。

1 地域范围

呼伦湖是我国第四大淡水湖，也是内蒙古自治区第一大湖。位于呼伦贝尔草原腹地新巴尔虎左旗、新巴尔虎右旗和满洲里市之间，地处东经116°58′~117°47′，北纬48°40′~49°20′，属高纬度地区，湖水面积为2 339平方千米，平均水深5.7米，最大水深为8米，蓄水量为138.5亿立方米。呼伦湖水以肥（天然饵料丰富）、大（面积广阔）、洁（无工业污染）、活（有三条河为水源吞吐）而著称，以呼伦湖为主体的"三湖"（呼伦湖、贝尔湖、乌兰诺尔）和"三河"（克鲁伦河、乌尔逊河、达兰鄂罗木河）形成了完整的呼伦湖水系。呼伦湖盛产鲤鱼、红鳍鲌、餐条鱼、鲫鱼、鲇鱼、狗鱼、蒙古红鲌、秀丽白虾等31种水产品，年最高产量可达1万吨，是内蒙古自治区最大的天然、绿色、有机水产品生产基地。地域保护总面积23万公顷，年产量2 500吨。

2 独特自然生态环境

2.1 土壤地貌情况

呼伦湖地区属于呼伦贝尔高原的一部分，本区地貌分为湖盆、低山丘陵、湖滨平原、沙地沙岗、河谷漫滩等，湖底主要是沙质，周边被呼伦贝尔草原环绕，水质肥沃，符合鱼类生长标准。湖中除秀丽白虾外，还有白鱼、小白鱼、鲤鱼等其他鱼类。

2.2 水文情况

呼伦湖地区河流湖泊广布，地下水资源丰富。主要注水河流源于贝尔湖的乌尔逊河和源于蒙古国肯特山的克鲁伦河，还有连通额尔古纳河的吞吐性河流达兰鄂罗木河。湖的周围还有一些时令河流与湖泊。呼伦湖面积2 339平方千米，湖岸周长447千米，湖长93千米，最大宽度41千米，总蓄水量138.5亿立方米。

2.3 气候情况

呼伦湖位于呼伦贝尔市东北部，年平均气温-1℃，无霜期110～160天，年降水量247～319毫米，年蒸发量1 400～1 900毫米，年平均日照时数2 853小时，湿度70%～80%，霜冻时间较长，初霜一般在9月上旬至9月下旬，终霜在4月下旬至5月下旬。

3 特定生产方式

呼伦湖秀丽白虾产于呼伦湖天然水域，呼伦湖秀丽白虾为野生的虾，生产出的虾应符合相关质量规定，呼伦湖秀丽白虾的外观要清洁、色泽亮白，无污垢、无杂质，肉质细腻有弹性。生产出的呼伦湖秀丽白虾产量要以保持湖区秀丽白虾可持续繁殖为前提，限量捕捞，具体以呼伦贝尔市农牧局核定的产量执行。进入流通领域的产品在保证质量的前提下，要有专门的质量追踪体系，以保证广大消费者的利益，出现质量问题要及时妥善解决，维护好产品的信誉。

4 产品品质特性特征和质量安全规定

4.1 形态特征

体呈圆筒形，体表光滑，身体透明，成虾体长一般为55～85毫米。

4.2 内在品质

呼伦湖秀丽白虾富含蛋白质和10余种氨基酸。每100克虾肉中氨基酸总量>15克，其中天冬氨酸>1.50克、苏氨酸>0.50克、丝氨酸>0.55克、谷氨酸>2.00克、脯氨酸>0.70克、甘氨酸>0.90克、丙氨酸>0.90克、胱氨酸>0.10克、缬氨酸>0.70克、蛋氨酸>0.60克、异亮氨酸>0.70克、亮氨酸>1.00克、酪氨酸>0.50克、苯丙氨酸>0.90克、赖氨酸>1.00克、组氨酸>0.30克、精氨酸>1.00克。每100克虾肉中含蛋白质>18克。每100克虾肉中含钙>800毫克、铁>2.50毫克、锌>1.20毫克、镁>65毫克。每100克虾肉中含胆固醇<100毫克。

呼伦湖秀丽白虾氨基酸、蛋白质含量丰富，因此肉味鲜美，是淡水食用水产品中的上品，是水产品市场中最受欢迎的虾类之一。

5　标志使用规定

本规范地域范围内的呼伦湖秀丽白虾生产经营者，在产品或包装上使用农产品地理标志，须向呼伦贝尔市水产技术推广站提出申请，按照相关要求规范生产和使用标志，统一采用呼伦湖秀丽白虾产品名称和农产品地理标志公共标识相结合的标注形式。

呼伦贝尔芸豆质量控制技术规范

编号：AGI2013-03-1274

本质量控制技术规范规定了经中华人民共和国农业部登记的呼伦贝尔芸豆地域范围、独特自然生态环境、特定生产方式、产品品质特性特征和质量安全规定、标志使用等相关内容。

1 地域范围

呼伦贝尔市位于内蒙古自治区东北部，属亚洲中部蒙古高原的组成部分，南部与兴安盟相连，东部以嫩江为界与黑龙江省为邻，北部和西北部以额尔古纳河为界与俄罗斯接壤，西部和西南部同蒙古国交界，东西宽630千米、南北长700千米。大兴安岭以东北—西南走向纵贯呼伦贝尔市中部，形成三大地形单元和经济类型区域，即大兴安岭山地为林区，海拔700~1 700米，形成林业经济区；岭西为呼伦贝尔草原，海拔550~1 000米，是草原畜牧业经济区；岭东地区为嫩江西岸的浅山丘陵与河谷平原，海拔200~500米，形成种植业为主的农业经济区。在岭西山地与草原的过渡地带、山区林间隙地分布一定数量宜农土地。呼伦贝尔芸豆农产品地理标志地域保护范围包括呼伦贝尔岭东扎兰屯市、阿荣旗、莫力达瓦达斡尔族自治旗、鄂伦春自治旗4个旗（市），包含25个镇、10个乡、7个街道，保护范围位于东经120°28′~126°04′，北纬47°05′~51°25′。区域种植面积5万公顷，年产量达10万吨。

2 独特自然生态环境

2.1 土壤地貌情况

呼伦贝尔市耕地土壤以黑土、暗棕壤、黑钙土和草甸土为主，其pH值在6.0~7.0，有机质含量在5%~7%，土质肥沃，土层深厚，开发利用时间短，自然肥力高。呼伦贝尔市大兴安岭纵贯其中，多为大兴安岭支脉形成的低山区，主要有山地、丘陵漫岗及部分平原区，土壤排水良好，土壤地貌情况非常适合芸豆生长。

2.2 水文情况

呼伦贝尔市水资源总量为286.6亿立方米。其中，地表水资源量272亿立方米，地下水资源总量14.6亿立方米。全市人均占有水资源量为1.1万立方米，高于世界人均占有量，是全国人均占有量的4.66倍。以大兴安岭为分水岭，形成嫩江和额尔古纳河两大水系，有大小河流3 000多条，其中流域面积大于500平方千米的98条，大于1 000平方千米的63条；湖泊500多个。没有工业污染，水质清澈、纯净，水资源保持良好，是理想的农业用水。

2.3 气候情况

呼伦贝尔芸豆生长所处的自然环境属寒温带和中温带大陆性季风气候，以大兴安岭为分界线，岭东区为季风气候区，岭西区为大陆气候区，岭东区为半湿润性气候，年降水量为500～800毫米；岭西区为半干旱性气候，年降水量为300～500毫米。≥10℃有效积温为1 235～2 413℃，无霜期80～155天，年平均气温-5～2℃，热量不足，昼夜温差大，属温凉气候，但日照丰富（年总辐射量在76 758千瓦/平方米以上，日照时数为2 500～3 100小时），利于绿色植物光合作用，有利于农作物干物质的积累，缩短了生长期，降水期集中于7—8月的植物生长旺期，且雨热同期，气候生态适宜芸豆生长。由于季风气候的不稳定性，农业常出现春旱、秋涝、低温冷害的气象灾害，特殊气候使得芸豆常作为晚霜、冰雹等灾害后的防灾备荒作物种植。

3 特定生产方式

3.1 产地选择

选择生态环境优良，外界隔离条件好，土壤有机质含量高，无污染，土层深厚，排水条件良好，历年病虫害发生少，非重茬平川或平岗地。产地环境符合NY/T 391—2021《绿色食品　产地环境质量》。土壤选择疏松沙质壤土，pH值6.4～7。灌溉用水符合GB 5084—2021《农田灌溉水质标准》的规定。环境空气符合GB 3095—2012《环境空气质量标准》所规定的二级标准。

3.2 生产过程管理

呼伦贝尔芸豆生产以有机肥为主，化肥为辅，配合使用，禁止施用硝态氮肥。生产过程中农药和化肥的使用必须符合NY/T 393—2020《绿色食品　农药使用准则》和NT/T 394—2023《绿色食品　肥料使用准则》。

3.3 产品收获及收获后管理

在芸豆全株80%的豆荚变黄,大部分叶片已脱落时,选择晴天的早、晚采用人工或机械进行收获,以防炸荚。收获后要及时进行晾晒、脱粒,收获白色粒芸豆品种时,要注意避开雨水,以免籽粒出现水浸斑或变污、变黑,影响品质。芸豆脱粒后的籽粒含水量为18%左右,需要晾晒和烘干,使含水量达到14%时,方可储存待销,包装之前进行统一机械清选或色选,清除杂质达到粒度色泽统一。

3.4 生产记录要求

呼伦贝尔芸豆生产全过程要进行记录,对生产情况、病虫害发生情况、技术措施、农药和化肥的使用情况进行全面记载并保存,以便查阅。

4 产品品质特性特征和质量安全规定

4.1 外在感官特征

呼伦贝尔芸豆外观清洁光滑、颗粒饱满、质地细腻、色泽鲜亮、整齐均匀,食用口味极佳,富含沙性,口味独特、香浓郁。呼伦贝尔芸豆种植符合DB1507/T 45—2020《芸豆全程机械化种植技术规程》,产品符合NY/T 285—2021《绿色食品 豆类》规定。

4.2 内在品质指标

独特的地理位置和气候条件及栽培方式造就了呼伦贝尔芸豆独特的品质、风味和营养价值,富含不饱和脂肪酸、粗蛋白质及人体所需氨基酸等。呼伦贝尔芸豆每100克干籽粒中蛋白质≥18克、脂肪≤1.5克(多为不饱和脂肪酸)、钠≤3毫克、钾≥1克、镁≥130毫克,富含多种人体必需的氨基酸,为高钾、高镁、低钠食品。

4.3 安全要求

呼伦贝尔芸豆严格执行NY/T 391—2000《绿色食品 产地环境技术条件》标准。

4.3.1 磷化物、氰化物、氯化苦、二硫化碳按GB 5009.36—2023《食品安全国家标准 食品中氰化物的测定》规定执行。

4.3.2 砷按GB 5009.11—2024《食品安全国家标准 食品中总砷及无机砷的测定》规定执行。

4.3.3 汞按GB 5009.17—2021《食品安全国家标准 食品中总汞及有机汞的测定》规定执行。

4.3.4 黄曲霉毒素B_1按LS/T 6111—2015《粮油检验 粮食中黄曲霉毒素B_1测定 胶体金快速定量法》规定执行。

4.3.5 粮食米类加工精度检验按GB/T 5502—2018《粮油检验 大米加工精度检验》规定执行。

4.3.6 卫生标准按GB/T 5009.36—2003《粮食卫生标准的分析方法》规定执行。

4.4 包装

包装材料应符合国家食品包装卫生要求，还应符合环境保护的要求。芸豆的销售包装应符合GB/T 17109—2008《粮食销售包装》的有关规定，所有包装材料均应清洁、卫生、干燥、无毒、无异味，符合食品卫生要求。所有包装应牢固，不泄漏物料。

4.5 储存

成品不得露天堆放，成品仓库必须清洁、干燥、通风、无鼠虫害。成品堆放必须有垫板，离地面10厘米以上，离墙面20厘米以上。成品不得与有毒有害、腐败变质、有不良气味或潮湿的物品同仓库存放。运输、储藏过程符合NY/T 5190—2002《无公害食品 稻米加工技术规范》的规定。

4.6 堆放、装卸

芸豆在堆放和装卸时要轻拿轻放、文明操作，运输工具要求清洁卫生，不得与有毒有害物品混装、混运。凡装过化肥、农药、有害化学物品或其他易腐食品的车厢或舱位，必须经充分清扫、冲洗后才可装运。芸豆在粮食市场、货站待运时，必须批次分明，堆码整齐，环境清洁，通风良好，严禁烈日暴晒、淋雨，注意防冻、防热。储藏、运输执行NY/T 1056—2021《绿色食品 储藏运输准则》。

5 标志使用规定

5.1 符合下列条件的单位和个人，可以向登记证书持有人申请使用农产品地理标志

5.1.1 生产经营的农产品产自登记确定的地域范围。

5.1.2 已取得登记农产品相关的生产经营资质。

5.1.3 能够严格按照规定的质量技术规范组织开展生产经营活动。

5.1.4 具有地理标志农产品市场开发经营能力。

使用农产品地理标志，应当按照生产经营年度与登记证书持有人签订农产品地理标志使用协议，在协议中载明使用数量、范围及相关的责任义务。

5.2 农产品地理标志使用人享有的权利

5.2.1 可以在产品及其包装上统一使用农产品地理标志（呼伦贝尔芸豆名称和公共标识图案组合标注形式等）。

5.2.2 可以使用登记的农产品地理标志，进行宣传和参加展览、展示及展销。

5.3 农产品地理标志使用人应当履行的义务

5.3.1 自觉接受登记证书持有人的监督检查。

5.3.2 保证地理标志农产品的品质和信誉。

5.3.3 正确规范使用农产品地理标志。

5.3.4 地理标志农产品的生产经营者，应当建立质量控制追溯体系，农产品地理标志持有人和标志使用人，对地理标志农产品的质量和信誉负责。

5.3.5 任何单位和个人不得伪造、冒用农产品地理标志和登记证书。

5.3.6 鼓励单位和个人对农产品地理标志进行社会监督。

扎兰屯大米质量控制技术规范

编号：AGI2009-01-00125

本质量控制技术规范规定了经中华人民共和国农业部登记的扎兰屯大米地域范围、自然生态环境和人文历史情况、生产技术要求、产品品质特性特征和质量安全规定、标志使用等相关内容。

1 地域范围

扎兰屯市位于呼伦贝尔市南端，海拔250～1 706米。东以音河为界与阿荣旗相邻，南以金界壕为界与黑龙江省甘南县、龙江县及扎赉特旗接壤，西以哈玛尔山和漠克河为界与兴安盟相连，北以阿木牛河为界与牙克石市作伴。扎兰屯大米农产品地理标志地域保护范围包括高台子街道、成吉思汗镇、中和镇、萨马街鄂温克民族乡、蘑菇气镇、洼堤乡6个乡镇（街道）及所属74个行政村，保护范围位于东经120°28′51″～123°17′30″，北纬47°05′40″～48°36′34″。总生产面积14 000公顷，年产量17万吨。

2 自然生态环境和人文历史情况

2.1 土壤地貌情况

扎兰屯市土壤大体分为棕色针叶林土、暗棕壤土、黑土、暗色草甸土等，以暗棕壤土和暗色草甸土居多。土壤pH值为4.8～7.1，土壤肥力中等，有机质含量平均6.54%。全氮平均含量2.18克/千克，有效磷平均含量17.4毫克/千克，速效钾平均含174毫克/千克。扎兰屯处于大兴安岭隆起带中段东缘、松辽沉降带北带西侧，地域内地层发育较为齐全。主要有山地（中山、低山）、丘陵、平原和河谷4种地形单元。土壤地貌情况非常适合大米生长。

2.2 水文情况

扎兰屯市境内河流密布，水网发达，境内有主要河流47条，形成绰尔河、济沁河、雅鲁河、音河四大水系，市域水资源总量约为25亿立方米，均属嫩江水系右岸支流，水资源丰富，其中地下水资源量6.05亿立方米，水量充沛，适合大面积绿色大米种植，并且没有工业污染，水质清澈、纯净，是理想的农业用水，水资源保持良好。可保证扎兰屯市6个乡镇

（街道）74个行政村的大米生产灌溉用水。

2.3 气候情况

扎兰屯大米种植基地属中温带大陆性季风气候。春季干旱少雨，升温快，蒸发量比较大；夏季炎热，雨量集中，湿度大；秋季凉爽少雨，日照充足，昼夜温差大；冬季气候干燥，降水稀少。大米产区一年四季分明，光热、水、土等自然条件都适于大米生长，全年平均气温3.6℃，无霜期年均120天，积温为1 900～2 100℃，降水量较为充沛，年降水量为450～550毫米，年降雨日数85.5天，主要集中在7—8月。境内具有丰富的光热和风能资源，日照时间较长，全年日照时数2 612小时，日照百分率为63%，属于内蒙古自治区光能资源高值区。扎兰屯市洪涝、早霜等自然灾害较少，冬季寒冷，威胁大米生产的病虫害较轻。

2.4 人文历史情况

扎兰屯大米种植历史悠远，早在1908年就开始种植大米，至今已有百年历史。被列入国家首批"绿色农业示范区"的扎兰屯市，依靠优越的地理环境积极发展绿色高效生态农业。2005年，在远离市区无污染、植被葱茏、土地肥沃、水资源充沛、素有"水稻之乡"之称的蘑菇气镇关门山社区建立绿色水稻基地，并同时引进粮食加工企业投资建厂。2005年，蘑菇气镇关门山社区生产的大米通过农业部审核验收，获中国绿色食品发展中心颁发的"绿色食品A级标志使用许可证"，扎兰屯市"绿色食品"标志的取得，不仅结束了扎兰屯市农产品没有绿色食品认证的历史，同时也填补了呼伦贝尔市农作物绿色食品标志的空白。2006年12月1—4日，扎兰屯市丰禾源农畜产品有限责任公司生产的大米在中国绿色食品2006上海博览会上荣获畅销产品奖，2005年该公司生产的"苇莲河"大米被中国绿色食品发展中心认证为绿色食品，2007年6月14日，"苇莲河"大米被北京中绿华夏有机食品认证中心认证为有机食品。

3 生产技术要求

3.1 产地选择

建立绿色大米种植基地，应选择生态环境优良，外界隔离条件好，水源充足，排灌方便，沟系配套，土壤有机质含量高、无污染，历年来病虫害发生少，集中连片，便于规模化生产的水田。产地环境符合NY/T 419—2021《绿色食品 稻米》。土壤选择草甸土、冲积土和水稻土。灌溉用水符合GB 5084—2021《农田灌溉水质标准》的规定。环境空气质量应符合GB 3095—2012《环境空气质量标准》所规定的二级标准。

3.2 品质特性

扎兰屯大米是通过审定的，抗逆性强的，中晚熟和中熟偏晚的优质品种。具有整精米率高、胶稠度高、米粒洁白细长、米质口感清香的特点，符合GB 4404.1—2024《粮食作物种子　第1部分：禾谷类》。

3.3 生产过程管理

扎兰屯大米生产以有机肥为主，化肥为辅，化肥必须与有机肥配合使用，有机肥料与无机氮的比例不超过1∶1，禁止施用硝态氮肥。生产过程必须严格按照扎兰屯市《绿色食品　大米种植技术规程》《绿色食品　大米生产操作规程》操作。生产过程中农药和化肥的使用必须符合NY/T 393—2020《绿色食品　农药使用准则》和NY/T 394—2023《绿色食品　肥料使用准则》。

3.4 产品收获及产后处理

3.4.1 当籽粒90%以上变黄，穗轴有2/3黄熟，基部有很少一部分绿色籽粒存在时进行收获，收获时要在晴天9时以后，采用人工或机械收割，割后应捆成小捆进行自然晾晒，并经常翻动，当水分下降到15%时，再进行脱粒。要在晴天打场脱粒，以利于降低水分，保证纯度，提高商品质量。

3.4.2 要求不同品种单独收割、单独运输、单独脱粒、单独储藏、单独加工、单独包装，防止与普通大米混杂。收割时，割茬要低，一般距地面5～6厘米，以不留荚为准。收割时做到不丢枝、不炸荚，损失率小于1%。割后晒5～7天，要及时打场脱粒。脱粒后，进行扬场或机械清选。要求统一分级过筛，清除杂质和瘪粒，达到粒度均一，破碎率小于2%，杂质小于1%，虫蚀率小于1%。清选后籽粒晾晒数日，以降低含水量。

3.5 生产记录要求

扎兰屯大米生产的全过程要进行记录，对生产情况、病虫害发生情况、技术措施、农药和化肥的使用情况进行全面记载并妥善保存，以备查阅。

4 产品品质特性特征和质量安全规定

4.1 外在感观特征

扎兰屯大米外观晶莹透亮，米粒饱满，色泽洁白鲜亮，质地松软。米粒整齐匀称、晶莹剔透，蒸煮时饭香四溢，饭粒结构紧密、油亮，入口后滑爽、有黏性、不粘牙，且软硬适中，口味甜、香浓郁，口感细腻。

4.2 内在品质指标

扎兰屯大米生产中保留了大米中绝大部分营养物质，避免了大米中蛋白质、维生素的大量流失，整精米率≥69%，胶稠度≥76毫米，恶白率≤14%，直链淀粉含量≤14%，粗蛋白质含量≥6.52%，赖氨酸含量≥0.31%，扎兰屯大米含维生素B_1、维生素B_2、葡萄糖、麦芽糖、蛋白质、钙、磷、铁等，扎兰屯大米中富含人体所需的15种氨基酸，含量达6.5%。加工精度达到NY/T 419—2021《绿色食品 稻米》规定的等级标准，卫生指标低于GB/T 1354—2018《大米》规定的指标，产品符合NY/T 419—2021《绿色食品 稻米》的规定。

4.3 安全要求

扎兰屯大米严格执行NY/T 419—2021《绿色食品 稻米》标准。

4.3.1 磷化物、氰化物、氯化苦、二硫化碳按GB 5009.36—2023《食品安全国家标准 食品中氰化物的测定》规定执行。

4.3.2 黄曲霉毒素B_1按GB 5009.22—2016《食品安全国家标准 食品中黄曲霉毒素B族和G族的测定》规定执行。

4.3.3 汞按GB 5009.17—2021《食品安全国家标准 食品中总汞及有机汞的测定》规定执行。

4.3.4 砷按GB 5009.11—2024《食品安全国家标准 食品中总砷及无机砷的测定》规定执行。

4.3.5 粮食粗蛋白质按NY/T 2007—2011《谷类、豆类粗蛋白质含量的测定 杜马斯燃烧法》规定执行。

4.3.6 卫生标准按GB/T 5009.36—2003《粮食卫生标准的分析方法》规定执行。

5 包装、标志等相关规定

5.1 分级

产品分A级绿色食品大米、AA级绿色食品大米、有机大米、特等米4个等级。

5.2 包装

包装材料应符合国家食品包装卫生要求，还应符合环境保护的要求。大米的销售包装应符合GB/T 17109—2008《粮食销售包装》的有关规定，所有包装材料均应清洁、卫生、干燥、无毒、无异味，符合食品卫生要求。所有包装应牢固，不泄漏物料。

5.3 标志使用

标志使用人应在其产品或其包装上统一使用农产品地理标志（扎兰屯大米名称和公共标识图案组合标注形式）。

5.4 储存

成品不得露天堆放。成品仓库必须清洁、干燥、通风、无鼠虫害。成品堆放必须有垫板，离地10厘米以上，离墙20厘米以上。成品不得与有毒有害、腐败变质、有不良气味或潮湿的物品同仓库存放。运输、储藏过程符合NY/T 5190—2002《无公害食品 稻米加工技术规范》的规定。

5.5 堆放、装卸

大米在堆放和装卸时要轻拿轻放、文明操作，运输工具要求清洁卫生，不得与有毒、有害物品混装、混运。凡装过化肥、农药、有害化学物品或其他易腐食品的车厢或舱位，必须经充分清扫、冲洗后才可装运。大米在粮食市场、货站待运时，必须批次分明，堆码整齐，环境清洁，通风良好，严禁烈日暴晒、雨淋，注意防冻、防热。储藏、运输执行NY/T 1056—2021《绿色食品 储藏运输准则》。

扎兰屯白瓜籽质量控制技术规范

编号：AGI2010-08-00433

本质量控制技术规范规定了经中华人民共和国农业部登记的扎兰屯白瓜籽地域范围、自然生态环境和人文历史情况、特定生产方式、产品品质特性特征和质量安全规定、标志使用等相关内容。

1 地域范围

扎兰屯白瓜籽产地位于呼伦贝尔市南端，背倚大兴安岭和呼伦贝尔草原，面向松嫩平原，地理位置优越，是国家南北通道的必经之处。扎兰屯白瓜籽产地包括南木鄂伦春民族乡、卧牛河镇、达斡尔民族乡、高台子街道、成吉思汗镇、中和镇、萨马街鄂温克民族乡、蘑菇气镇、洼堤乡、哈多河镇10个乡镇（街道）及所属95个行政村，32.1万人口，地域面积1.21万平方千米，白瓜籽种植面积1.3万公顷，年产量1.5万吨，年产值达1.2亿元。地理坐标为东经121°18′21″~123°47′10″，北纬47°35′41″~48°16′24″，海拔为250~1 706米。

2 自然生态环境和人文历史情况

2.1 土壤地貌情况

扎兰屯白瓜籽产地属于低矮丘陵山地，土壤主要为暗棕壤土、黑土两种类型，以暗棕壤土为主，土壤pH值为4.8~7.1，有机质含量平均7.1%。全氮平均含量2.38克/千克，有效磷平均含量19.2毫克/千克，速效钾平均含量161毫克/千克。土壤肥沃，耕地性状良好，适合白瓜籽生产。

2.2 水文情况

扎兰屯白瓜籽产地河流属嫩江水系右岸支流，水资源丰富，境内有主要河流47条，形成绰尔河、济沁河、雅鲁河、音河四大水系，市域水资源总量约为25亿立方米，其中河川径流量13.23亿立方米。白瓜籽种植灌溉水质符合GB 5084—2021《农田灌溉水质标准》的要求，水质清澈、纯净、无污染，能够保证农作物的质量和安全。

2.3 气候情况

扎兰屯白瓜籽产地属中温带大陆性半湿润气候区，全年日照时数2 612小时，年平均气温3.6℃，≥10℃的有效积温平均2 213℃，年降水量在450~550毫米，降水主要集中在7—8月，无霜期短，年均120天。春季升温快；夏季炎热，雨量集中；秋季凉爽少雨，日照充足；冬季漫长寒冷。一年四季分明，光、热、水、土等自然条件对白瓜籽的生长非常有利。

2.4 人文历史情况

扎兰屯白瓜籽种植历史悠久，当地农村素有种植白瓜籽的习惯，是扎兰屯市主要的出口农产品之一。据《扎兰屯市志》记载，1966年，国家开始在内蒙古自治区收购白瓜籽并由外贸部门组织出口。20世纪60—70年代，扎兰屯年生产白瓜籽1.5万~3万千克，出口2万千克。1970年从天津市引进优良品种后，建立了出口生产基地，采用先进的种植方法，提高白瓜籽产量。1980年开始，扎兰屯白瓜籽作为当地重要的出口土特产品，其播种面积、总产量和出口量大幅度上升，年生产白瓜籽10万~40万千克，最高年份1988年白瓜籽生产总量为39.6万千克，向英国、奥地利等欧洲国家年均出口22万千克。近年来，扎兰屯市实施"优质白瓜籽新技术示范推广"项目，安排地膜覆盖和育苗移栽技术示范田，推广全营养平衡施肥技术。扎兰屯市作为内蒙古自治区最大的白瓜籽集散地之一，具有得天独厚的白瓜籽种植资源条件，以其籽粒大、仁厚、色白，曾荣获1983年外贸部颁发的基地产品优质奖。随着白瓜籽产业的发展和产量的增加，产品已远销北京市、天津市、辽宁省、河北省、河南省、青岛市等地。2008年12月，扎兰屯市被农业部绿色食品管理办公室和中国绿色食品发展中心批准创建全国绿色食品原料（白瓜籽）标准化生产基地，基地严格按照绿色食品操作规程实行标准化生产，采取政府和部门推动、农业龙头企业带动的模式经营，为大型龙头企业提供了充足的优质原料，带动农业产业化升级。2009年1月，扎兰屯市组织产地相关单位申报扎兰屯白瓜籽无公害农产品并获得通过，证书编号WGH-09-02849；2005年8月5日，内蒙古自治区农牧厅颁发无公害农产品产地认定证书，认定扎兰屯白瓜籽产地为内蒙古自治区无公害农产品产地，证书编号：WNCR-NM05-Z0482。目前，扎兰屯市以建设绿色食品原料（白瓜籽）标准化生产基地为契机，利用自身资源优势，积极扩大白瓜籽种植面积，大力发展白瓜籽产业，产品有广阔的市场和发展前景，扎兰屯白瓜籽标准化种植、产业化发展必将带动其他产业的迅猛发展。

3 特定生产方式

3.1 产地选择与特殊内容规定

扎兰屯白瓜籽产地环境符合NY/T 391—2021《绿色食品 产地环境质量》，灌溉用水符合GB 5084—2021《农田灌溉水质标准》的规定，土质选择酸性或微酸性土壤，符合GB 15618—2018《土壤环境质量 农用地土壤污染风险管控标准（试行）》的规定，环境空气质量应符合GB 3095—2012《环境空气质量标准》所列的一级标准规定。扎兰屯白瓜籽生产基地远离交通干道100米以上，基地周围有充足的水源方便白瓜籽地块灌溉，与加工场所的距离不超过50千米，交通方便。扎兰屯白瓜籽生产基地选择在大气、水质、土壤均无污染的地区，选择在无内涝且排水良好的平地、坡地、漫岗地种植。要求土质疏松、土壤肥力较好的地块，pH值为4.8～7.1，实行合理、科学的轮作。

3.2 品种特性

扎兰屯白瓜籽品种为熟期适宜、优质高产、抗病性强的雁窝鸟雪白，籽粒大、皮薄、饱满、仁厚，含有丰富的脂肪、蛋白质。

3.3 生产过程管理

3.3.1 精选种子：保证种子千粒重在25克以上，种子纯度90%以上，发芽率90%以上。

3.3.2 茬口要求：前茬以玉米、高粱、小麦为好，大豆和马铃薯为中等，尽量避免重迎茬。

3.3.3 农业投入品使用：执行投入品定点购买，销售点必须建立销售记录，使用时应在技术人员的指导下进行。

3.3.4 搭架：移栽定植后的白瓜籽应搭架供其攀缘，将其固定在爬蔓架上。

3.3.5 除草、追肥、灌水：移栽后及时拔除杂草，根系周围禁止锄草，以防损伤根系。肥料允许使用农家肥、商品有机肥、无机肥和微生物肥等，禁止使用城市生活垃圾、工业垃圾、医院垃圾。

3.3.6 灌溉：灌溉用水应符合GB 5084—2021《农田灌溉水质标准》，井水、雨水和无污染的河水应视为卫生、适宜的灌溉用水。

3.4 产品收获及产后处理的规定

3.4.1 采收与存放：9月中旬，霜前将种植的白瓜收回，按瓜的成熟度分别堆放，挑选未成熟的白瓜做饲料用，以免影响瓜籽的整体质量。

3.4.2 剖瓜取籽：瓜籽在瓜内是垂直于轴着生的，剖瓜时要横切，这样可以避免切断瓜籽，损失的瓜籽也少。

3.4.3 晾晒前准备：用纱网做成1.4米×7米的纱网床，四边卷上小木杆或用小木方固定，将网床平架在0.5~0.8米高、光照通风良好的位置，利于瓜籽的晾晒。

3.4.4 瓜籽的晾晒与保管：将取出的瓜籽平摊在纱网床上，以每平方米1.5千克左右为宜，当日翻动数次，要在晴天进行。3天后翻动瓜籽如果有"哗哗"声音即可装入袋中。装袋时不宜装满，每袋装1/3即可，这样可以取第二批瓜籽，按同样方法晾晒。

3.5 生产记录要求

认真记录田间生产情况、病虫害发生情况及技术措施、农业投入品使用、农药和化肥的使用情况，以备查阅。

4 产品品质特性特征和质量安全规定

4.1 外在感官特征

外观呈白色、光面平滑，具有籽粒大、皮薄、饱满、仁厚、光泽好等明显特点，籽粒大小在1.5~2.3厘米，籽仁味道香美，回味悠长。

4.2 内在品质指标

扎兰屯白瓜籽与同类产品相比，营养丰富，富含多种对人体有益成分。根据NY/T 3298—2018《植物油料中粗蛋白质的测定 近红外光谱法》、GB/T 24870—2010《粮食检验 大豆粗蛋白质、粗脂肪含量的测定 近红外法》、SN/T 0860—2016《出口食品中硒的测定方法》及相关标准的方法检验，扎兰屯白瓜籽每百克瓜籽中含蛋白质36~38克、脂肪35~38克、硒27.3~29毫克。

4.3 安全要求

扎兰屯白瓜籽在生产过程中，严格按照NY/T 902—2015《绿色食品 瓜籽》标准执行，严格按照《中华人民共和国农产品质量安全法》规定进行生产，肥料使用按照NY/T 394—2023《绿色食品 肥料使用准则》标准，各项指标均能达到安全标准。

5 包装、标志相关规定

5.1 分级

根据感官指标、理化指标等分为特级品、一极品、二极品、三极品、统装品，采用统一包装，注明净重、产地、生产日期。等待销售、需要储藏的，库房要防潮、防虫，注意通风、干燥。

5.2 包装

销售的扎兰屯白瓜籽,按照《中华人民共和国农产品质量安全法》的相关规定进行包装。包装纸盒大小可据出口或购货商要求而定,卫生标准应达到食品级,包装袋必须坚实、牢固、干燥、清洁卫生,无不良气味。包装材料及制备标记所用的印色应无毒性,无害于人类食用,同一批货物的包装件应装入同一产地、品种、等级和成熟度一致的白瓜籽产品,质量、重量要求一致。

5.3 标志使用

标志使用人应在其产品或其包装上统一使用农产品地理标志(扎兰屯白瓜籽名称和公共标识图案组合标注形式),同一批货物的包装标识,在形式和内容上必须完全统一。不同纸箱应在箱外的同一部位,印刷或贴上不易抹掉的文字和标记,必须字迹清晰,容易辨认。

扎兰屯黑木耳质量控制技术规范

编号：AGI2009-07-00182

本质量控制技术规范规定了经中华人民共和国农业部登记的扎兰屯黑木耳地域范围、自然生态环境和人文情况、特定生产方式、产品品质特性特征和质量安全规定、标志使用等相关内容。

1 地域范围

扎兰屯黑木耳产地在内蒙古自治区扎兰屯市境内，位于呼伦贝尔市南端的大兴安岭东麓，东以音河为界与阿荣旗相邻，南与黑龙江省甘南县、龙江县及扎赉特旗接壤，西与兴安盟相连，北以阿木牛河为界与牙克石市相连，是呼伦贝尔市向东开放的窗口。欧亚大陆桥滨洲铁路贯穿全境，内蒙古自治区阿荣旗—广西省北海市省际大通道和301、111国道在此交汇。扎兰屯黑木耳农产品地理标志地域保护范围为东经120°06′~122°19′，北纬47°50′~48°02′。包括南木鄂伦春民族乡、卧牛河镇、萨马街鄂温克民族乡、蘑菇气镇、洼堤乡、哈多河镇、浩饶山镇、柴河镇8个乡镇及所属71个行政村，总生产面积260万公顷，年产量700吨。

2 自然生态环境和人文历史情况

2.1 土壤地貌情况

扎兰屯市行政区划面积1.69万平方千米，背倚大兴安岭，面眺松嫩平原，地貌大体呈现"七林二草一分田"的格局，森林覆盖率70.04%，是东北地区重要的生态屏障。黑木耳生产区域土壤类型主要为黑土和草甸土，土壤pH值为4.3~7.9，有机质含量平均6.11%，属大兴安岭西草原区向岭东松辽平原农业区过渡带，低山、高丘、河谷相间分布，土质肥沃，耕性良好。

2.2 水文情况

扎兰屯市境内水资源丰富。降水为地表水的主要来源，降水比较充沛集中，年降水量450~550毫米。现有渠首工程12处，较大渠道3处，小型水库2个，塘坝5处，300

多座渠系建筑物。河川径流量季节变化很大，过境水的利用量较小，水资源比较丰富，地下水基流量4.43亿立方米，占地下水资源量的23.7%，可开发量1.11亿立方米，占地下水基流量的25%，水质保持良好。

2.3 气候情况

扎兰屯市属中温带季风气候区，四季分明，雨热同期。黑木耳产区全年日照时数2 619小时，≥10℃的有效积温平均达2 515℃，无霜期年均120天，对栽培黑木耳极为有利。

2.4 人文历史情况

1901年中东铁路在扎兰屯市修筑通车后，扎兰屯市人口渐繁，农、工、商各业初露端倪，食用菌产业开始兴起。扎兰屯市人工培植食用菌首先从黑木耳着手，20世纪60—70年代为试验和典型示范阶段，进入20世纪80年代，扎兰屯市西南各乡镇普遍开始人工培植黑木耳，1989年是扎兰屯市人工培植黑木耳的高潮年，共有黑木耳段约3 000万段。扎兰屯黑木耳从1980年开始就是当地主要出口农产品，出口到苏联等国家。扎兰屯市为大兴安岭地区黑木耳主要产地，每年产量达70万千克以上，黑木耳培植户达8 385户。至2007年，全市黑木耳培植户达15 675户，年产量700多吨。2008年5月，扎兰屯市50万千克黑木耳种植加工项目开工建设，该项目是扎兰屯市加快产业结构调整，促进农民增收，构建绿色农、畜、林产品加工体系建设的重要举措，扎兰屯市黑木耳产业前景广阔。

3 特定生产方式

3.1 产地选择与特殊内容规定

扎兰屯黑木耳生产选择地势平坦，背风向阳，日照时间长，空气流通，水源方便，水质优良，自然整枝良好，林下杂灌木稀少，通风、透光、保湿性能良好的林区地。产地环境质量符合NY/T 391—2021《绿色食品　产地环境质量》的要求。

3.2 品种选择与特定要求

使用符合农业农村部《食用菌菌种管理办法》规定已登记注册的优良品种，并经过栽培试验证明该品种的种性适应扎兰屯地区气候条件，抗逆性强，抗杂菌力强，菌丝生长健壮，原基产生整齐，子实体生长快，速生高产，品质好，商品率高，如丰收1号、丰收2号、9808等。

3.3 黑木耳的段木栽培

3.3.1 段木准备：生产黑木耳的树种应选择青皮栎、枫杨、白杨、榆树等，不能选脱皮的树木，树种一般以5～15年生，直径在5～15厘米为宜。截成100～120厘米，两端用2%～3%石灰涂刷消毒。将截好的木段按"品"字形堆起，架在地势高、通风向阳的地方，晾晒1～2个月。晾晒过程中每隔10天翻动一次，达到干燥，调湿均匀，当木段两端截面出现放射状细小裂纹，含水率35%～40%时为宜。

3.3.2 接种：接种时间应根据黑木耳菌丝生长温度要求而定，当自然温度稳定在5℃以上就可接种。黑木耳菌种有木屑菌种、枝条菌种等，都要求菌龄在45～65天。

木屑菌种接种法：接种时先用打眼器在段木表面垂直打眼，打眼深度达木质部1～1.5厘米，在段木上交错打成"品"字形，纵向距离10～12厘米，横向距离4～5厘米，打眼后将适宜的木屑菌种填入孔内，以装满眼孔为准，不宜压得太紧，然后覆上树皮，用锤轻轻敲打，使木盖与树眼紧密结合，木盖不宜下陷也不能凸出，同时用石蜡封口。

枝条菌种接种法：用打眼器在段木上打眼孔，深度和孔径要按照枝条菌种直径大小而定，行穴距与木屑菌种相同，接种时，先在眼孔底部加上些木屑菌种，然后将枝条插入孔内，用锤敲紧，使枝条与段木表面平齐，不需覆盖树皮。

3.3.3 上堆发菌：接种后，立即将段木堆积起来，用枕木或石头把段木垫高10～15厘米，将段木按粗细和树种分开堆放上边，段木与段木之间保留6～8厘米的间隙，上下层呈"井"字形，堆高1米，堆长根据段木多少而定。堆好后用薄膜覆盖，堆内温度控制在22～28℃，相对湿度以80%为宜。

3.3.4 翻堆：每周翻堆一次，将里面的段木翻到外面，上边翻到下边，覆盖好薄膜。在第二次翻堆时，检查发菌情况，检查时去除树皮，挖出菌种，若木质部颜色不变，说明菌丝未长，应采取措施。一般接种在气温适宜时，约30天可发好菌；接种早，气温低，发菌时间约45天。

3.3.5 排场及管理：将菌丝已定植的耳木有序地铺放在湿润的耳场上，在耳木一端垫一根直径2～3厘米的枕木，每根耳木之间相距5厘米，每隔2～3天喷水一次，当耳木出现大量的耳芽时，检查菌丝蔓延情况，菌丝在耳木上蔓延良好，而且有较多的耳芽发生，进行排场起架管理，以500根耳木放成一架，人字架的高度以场地和小区气候的干湿而定，干燥的架低些，潮湿的可以架高些。黑木耳接种后可连续采收3年，当采完秋耳后，将耳木堆积起来呈"井"字形，保持一定温度，第二年3—4月耳芽发生，重新起架进行管理。

3.4 黑木耳的袋料栽培

3.4.1 原料选择与配方：锯末78%，麸皮（米糠）20%，白糖1%，石膏1%；棉籽壳

78%，麸皮（米糠）20%，白糖1%，石膏1%；玉米芯99%，石膏1%。上述配方按比例配匀后，加水至手握时指缝有水珠而不下滴为度，然后装入17厘米×33厘米的聚丙烯塑料袋中压紧，袋口用硬塑料做成瓶口相似的圆筒，用皮筋将袋口与圆筒扎紧，用棉塞塞口，硬纸包扎，放在$103.4×10^3$帕压力下维持1.5小时灭菌。

3.4.2 接种：灭菌袋冷却后移入接种室，按无菌操作每袋装入原种5~10克，接种放入培养室，温度保持22~25℃，持续30~60天，菌丝长满，可加大接种量，15~20天菌丝可长满。

3.4.3 栽培袋管理：当菌丝满袋移入栽培室，进行开洞栽培，开洞前用0.1%高锰酸钾进行袋面清洗，然后拔除棉塞，去除塑料筒，去除老菌块，用线绳扎口，在栽培袋周围均匀开洞，洞直径1厘米，洞距5~6厘米，每袋开洞10个左右，开洞后倒挂在木架片用塑料薄膜覆盖，每天进行数次空间喷雾，保持湿度，加强通风透光，开洞后在15℃左右7~10天即可出耳。出耳后随产量增加，每天可喷水2~3次，并加强通气量，光照强度在2 500勒克斯以上，10~15天可出耳采收，采收用小刀沿壁削平，不留耳根，一般采收后3~5天不喷水，一周后再次形成耳芽，成熟后进行二次采收。

3.4.4 养菌阶段管理：当木耳含水量在35%以上时，直径10~15厘米枕木垫底，将木段按"井"字形排成层，单根间距10厘米，堆高50~100厘米，上覆塑料薄膜保湿养菌，当木耳含水量低于或接近35%时，可密集成"井"字形，堆高50~100厘米，外用农膜包好，保温保湿养菌。上堆30天后，应拆堆排场养菌，东西向垫枕木，离地10厘米高，将木耳南北向横排枕木上，单根间距5厘米，每周翻一次木耳，上下颠倒，发现接种孔内有杂菌污染或小虫时，应及时烧掉灭菌。当菌种表面有白絮状菌出现，视为成活。白色菌丝已向木质部蔓延，视为定植，如菌种无变化或干缩，可能是温度低或湿度小所引起的应及时处理。当菌丝成一片长出小耳芽时，就应转入出耳期管理。

3.4.5 出耳阶段管理：当接种孔出耳率达到50%左右，应起架，将耳木交互呈30°~45°排列于横梁两侧，耳木间距5厘米，如耳木干燥可不起架，早晚各喷一次雾状水，水温20℃左右，气温高，干旱时应少喷或不喷，夜间喷水效果更佳，每采收一次木耳后，停止浇水7~10天，并将耳木倒置晾晒，然后浇水催耳，如果出现杂菌及病虫为害，应及时清除，以防传染。

3.5 产品收获及收获后管理

当耳片展开，边缘稍卷变软，肉质肥厚，耳根收缩，腹面见到少量白色孢子粉时进行采收。采收前2天停止浇水，用手指捏住耳根，稍加揪动，即可采下。采下的木耳应及时晾晒，晾晒时不要翻动，晒干即可。如果遇到阴雨天，可用烘干机进行烘干，但温度不能超过40℃。

3.6 生产记录要求

组织生产人员做好栽培、土肥水管理、病虫害防治、采收及采后的处理记录。使用农业投入品要建立档案,记录投入品的名称、使用时间、次数、用量、使用方法、收获日期等。

4 产品品质特性特征和质量安全规定

4.1 外在感官特征

扎兰屯黑木耳外观呈黑褐色,背面浅灰色,有光亮感,自然卷曲状,大小均匀一致,朵朵如云。干时肉厚色正,泡开有弹性,富光泽;食用时口感细嫩,风味特殊,干湿大于1∶13。

4.2 内在品质指标

扎兰屯黑木耳营养丰富,每100克含总糖在66～67.3克,蛋白质12.5～13.8克,脂肪1.60～1.82克;此外还含有丰富的磷、胡萝卜素、人体必需微量元素等。维生素B_2含量远高于一般谷物、肉类产品。

4.3 安全要求

扎兰屯黑木耳由于生产区域内无工业污染,水质、土壤均达到安全标准,严格按照GB/T 6192—2019《黑木耳》标准进行操作生产,质量均达到安全标准,因此,生长的黑木耳无农药、化肥,是纯天然野生的绿色食品。扎兰屯黑木耳种植产品符合《中华人民共和国农产品质量安全法》等相关规范和法律法规。

5 包装、标志等相关规定

5.1 包装

黑木耳包装袋必须坚实、牢固、干燥、清洁卫生,无不良气味,对产品应具充分保护性能。包装材料及制备标记所用的印色与胶水应无毒性,适于人类食用。同一批黑木耳的包装件应装入同一产地、品种、等级和成熟度一致的产品,优等黑木耳要求质量、重量都具有一致性。

5.2 标志使用

符合《农产品地理标志公共标识设计使用规范手册》规定和要求,标志使用人应在其产品或包装上统一标注"扎兰屯黑木耳"农产品地理标志和公共标识组合图案。标志要明显，标清产品、品名、等级、重量，并注明检验人员姓名或代号。

5.3 储藏

采后用低温进行中长期储藏的黑木耳，可选择适当的库房保存，库房内使用的包装袋的模式、容量及使用材料要统一。采集后在常温下短期储藏，计划发运的黑木耳可采用纸箱包装，包装内黑木耳的陈列外表应整洁美观。包装箱外面要标有"防潮、防压""小心轻放"等字样。

5.4 运输

运输过程中，严禁烈日暴晒、雨淋，注意防潮、防挤压。不得与有毒、有害物品混装、混运。储藏黑木耳库房内要通风、干燥，加强防蝇、防鼠措施。

扎兰屯鸡质量控制技术规范

编号：AGI2017-01-2012

本质量控制技术规范规定了扎兰屯鸡的地域范围、独特自然生态环境、特定生产方式、产品品质特性特征和质量安全规定、标志使用等相关内容。本规范文本2017年经中华人民共和国农业部公告为国家强制性技术规范，各相关方须遵照执行。

1 地域范围

扎兰屯鸡保护地域为扎兰屯市行政区内12个乡镇，包括浩饶山镇、蘑菇气镇、卧牛河镇、成吉思汗镇、大河湾镇、柴河镇、中和镇、哈多河镇、达斡尔民族乡、南木鄂伦春民族乡、萨马街鄂温克民族乡、洼堤乡及所属126个行政村，具体地理坐标为东经120°28′51″~123°17′30。北纬47°5′40″~48°36′34″。

此保护地域四至接壤的共有8个旗（县），即南及西南向为以金界壕为界的黑龙江省齐齐哈尔市甘南县、龙江县、碾子山区和兴安盟的扎赉特旗；西及西北向为兴安盟的阿尔山市和呼伦贝尔市的鄂温克族自治旗；北向为呼伦贝尔市的牙克石市；东向为以音河为界的呼伦贝尔市阿荣旗。

2 独特自然生态环境

2.1 土壤地貌情况

扎兰屯市地质构造属新华夏系大兴安岭隆起带中段东侧与松辽沉降带中部西缘下沉，中性带中期大兴安岭隆起上升，松辽沉降带相对下沉，形成了现在平坦宽阔的河谷以及低矮丘陵山地，地势由西北向东南倾斜，境内山、丘、岗、川相间交错，分为中低山地、丘陵漫岗、河川谷地三大地貌类型。土壤多为暗棕壤土、黑土和草甸土，土质肥沃，耕地性良好。土壤pH值在4.8~7.1，微量元素丰富，土壤全氮平均含量2.18克/千克，有效磷平均含量17.4毫克/千克，速效钾平均含174毫克/千克。土壤肥力状况良好，含有丰富的有机质，有机质含量平均6.54%，具有良好团粒结构，非常适宜各类植物生长发育，自然植被茂盛，林木郁闭。扎兰屯市境内诸多山脉构成的天然屏障形成了独特的小气候圈，以及独特的土壤、地貌和气候环境造就了扎兰屯鸡的固有品质。

2.2 水文情况

扎兰屯市境内水资源、流域内地表径流和流域内地下水资源量均十分丰富，流域区内多年平均地表径流量25.28亿立方米，地下水总补给量3.78亿立方米，二者重复量3.39亿立方米。市境内河流密布，泉溪众多，水网发达。流域面积在100平方千米以上的河流有55条，河流总长1 171.89千米；干流5条，其流域面积都在500平方千米以上，均属嫩江水系右岸支流，其中一级支流32条，其中流域面积在500平方千米以上的有9条；二级支流18条，流域面积都在500平方千米以下。有流域面积在100平方千米以下的沟川284条（其中有泉子的沟川124个）。有中型水库2个、小型水库3个。扎兰屯市境内河流均属于大兴安岭源头性水系，流域内没有任何大型工业污染源，天然水体水质良好，地下水矿物质含量丰富，丰富纯净的水源水系为扎兰屯鸡的发展奠定了得天独厚的水文基础。

2.3 气候情况

扎兰屯市属中温带大陆性半湿润季风气候区，光照充足，四季分明，昼夜温差大。鸡养殖区域全年日照时数平均为2 612小时，年平均气温3.6℃，结冰期150天左右，≥10℃的年有效积温平均2 115℃。年降水量450～550毫米，降水主要集中在7—8月。无霜期短，年均120天。夏季高温多雨，冬季寒冷干燥。冬、夏季风方向变化显著。冬季受来自高纬内陆偏北风的影响，盛行极地大陆气团，寒冷干燥。夏季受极地海洋气团或变性热带海洋气团影响，盛行东风和东南风，暖热多雨，雨热同季，年降水量约有2/3集中于夏季。这为扎兰屯鸡这一品种的稳定发展提供了良好的气候条件。扎兰屯市独特的地质地貌、水文水质、气候条件和饲料、饲草资源为扎兰屯鸡的发展提供了广阔的前景。

3 特定生产方式

3.1 产地要求

扎兰屯鸡产品必须是产于扎兰屯市境内，即所划定的地域范围内；养殖场选择在有河流溪水且适宜大面积围封的林地、荒山、果园等处，形成山上有树、树下种草药、草中有虫、鸡在草中觅虫、林禽蛋循环的生态链条，保证规模放养的自由活动空间和觅食的多样性；产品产地环境符合HJ 568—2010《畜禽养殖产地环境评价规范》；环境空气质量符合NY/T 391—2021《绿色食品 产地环境质量》规定的要求。

3.2 品种范围

扎兰屯鸡品质的选育以本市农户传统养殖的土鸡、笨鸡为主体,建立扎兰屯鸡育种场,在全市范围内遴选扎兰屯鸡优良种鸡组群,并适度引进白凤乌鸡、芦花鸡、火鸡、庄河大骨鸡、林甸鸡等进行杂交选育。采取闭锁繁育的方法,以家系性能选择和表型选择为主,以家系内选择和基因型选择为辅。通过选育,不断提高其适应环境能力、抗寒抗病能力和肉蛋品质等性状,使其适应性和抗病力更强,肉质更加鲜美、肉蛋营养更加丰富。

3.3 生产控制

3.3.1 饲料:以放牧饲养为主,自由觅食林间昆虫、草籽等天然食物,在育雏和育肥阶段适当补饲饲料。所补饲的饲料由养殖场按配方要求进行配比,以浓缩饲料配以玉米、麸皮等为主,其中浓缩饲料由添加剂预混料、常量矿物质饲料和蛋白质饲料按一定比例混合而成,饲料质量应当符合NY/T 471—2023《绿色食品 饲料及饲料添加剂使用准则》的规定。

3.3.2 饮水:养殖区域应当远离任何生产、生活区域,保证鸡饮用无任何污染的天然河水、溪水或深井水,水质符合NY/T 391—2021《绿色食品 产地环境质量》的规定。

3.3.3 疫苗使用:按免疫程序严格进行免疫,免疫符合NY/T 473—2016《绿色食品畜禽卫生防疫准则》的规定;防疫器械在免疫前后均应当彻底消毒。

3.3.4 兽药使用:预防和治疗用药,符合NY/T 473—2016《绿色食品 畜禽卫生防疫准则》的规定;后期使用药物治疗时,应当根据所用药物执行休药期;扎兰屯鸡在使用药物治疗疾病时,在休药期内不得屠宰,鸡及鸡蛋不出售。

3.3.5 灭鼠、灭蚊蝇:定期定点投入灭鼠药,及时收集死鼠及残余鼠药,并做深埋处理,消除水坑等蚊蝇滋生地,定期喷洒消毒药。

3.3.6 卫生消毒:选用的消毒剂符合NY/T 473—2016《绿色食品 畜禽卫生防疫准则》的规定,鸡舍及鸡活动区域周围环境定期用2%火碱或生石灰消毒,每批鸡出栏后,均彻底清扫鸡舍,采用喷雾、火焰消毒。

3.3.7 疫病监测:畜牧兽医部门依照《中华人民共和国动物防疫法》制定监测方案,并组织实施。

3.4 生产记录

做好生产全过程的记录,包括主要生产性能及销售记录;饲料、兽药的购销、使用记录;免疫、消毒记录;死淘记录和无害化处理记录等。要求记录完整、真实,所有记录应保存两年以上,重大事件记录永久保存。建立专门的质量追溯体系,确保"生产有记录、流向可追踪、信息可查询、质量可追溯"，确保产品质量安全。

4 产品品质特性特征和质量安全规定

4.1 外在感官特征

扎兰屯鸡头部相对较小，脖子细，喙坚硬，且鸡冠大而匀称，颜色鲜艳红润；羽毛颜色多样，多为红羽、黑红羽、黑羽、白羽、芦花羽等，羽毛顺滑鲜亮、充满光泽，给人一种油光发亮的感觉，毛孔细小匀称；脚细腿长、体型健硕瘦长，精神有力，掌底部有层厚厚的茧；胸脯呈三角形，肉质紧致，没有过多白肉；肤色偏黄、皮下脂肪分布均匀。成年公鸡体重1.8～2.2千克，成年母鸡体重1.5～2.0千克，生产母鸡开产日龄160～180天，500日龄产蛋量180枚，平均蛋重为48克，蛋壳中等厚，呈淡褐色。

4.2 内在品质要求

屠体皮肤微黄，皮下脂肪分布均匀，鸡肉肉质细腻，肉味香醇；肌肉内脂肪和亚油酸含量低。扎兰屯鸡鲜肉中富含蛋白质和多种氨基酸，每100克鲜肉中氨基酸总量>15.50克，其中天冬氨酸>1.40克、苏氨酸>0.70克、丝氨酸>0.60克、谷氨酸>2.52克、脯氨酸>0.60克、甘氨酸>0.60克、丙氨酸>0.95克、胱氨酸>0.17克、缬氨酸>0.73克、蛋氨酸>0.55克、异亮氨酸>0.70克、亮氨酸>1.20克、酪氨酸>0.50克、苯丙氨酸>.078、赖氨酸>1.43克、组氨酸>0.55克、精氨酸>0.95克、色氨酸>0.25。每100克鸡肉中含蛋白质>19.50克。另外每100克鸡肉中含铁>0.000 5克、含磷>0.18克、含镁>0.023克。每100克鸡肉中含不饱和脂肪酸>0.90克。

4.3 安全要求

扎兰屯鸡生产严格按照NY/T 471—2023《绿色食品　饲料及饲料添加剂使用准则》、NY/T 393—2020《绿色食品　农药使用准则》执行。

5 标志使用

扎兰屯市范围内的扎兰屯鸡地理标志农产品生产经营者，在产品或包装上使用已获登记保护的扎兰屯鸡农产品地理标志，应当向登记证书持有人提出申请，严格执行《食品安全国家标准　预包装食品标签通则》（2024年）标准规定，并按照相关要求规范生产和使用标志（包括图案和文字），统一采用产品名称和农产品地理标志公共标识相结合的标注形式。

农产品地理标志
登记证书

中华人民共和国农业部

经审定,登记申请人申报的农产品符合农产品地理标志登记条件和相关技术标准要求,准予登记并允许在农产品或农产品包装物上使用农产品地理标志公共标识,特颁此证。

核准登记产品全称: 扎兰屯鸡
登记申请人全称: 扎兰屯绿色产业发展中心
产品生产总规模: 518万羽,6812吨/年
质量控制规范编号: AGI2017-01-2012
登记证书编号: AGI02012

2017年1月10日

扎兰屯葵花质量控制技术规范

编号：AGI2009-01-00126

本质量控制技术规范规定了经中华人民共和国农业部登记的扎兰屯葵花地域范围、自然生态环境和人文历史情况、特定生产方式、产品品质特性特征和质量安全规定、标志使用等相关内容。

1 地域范围

扎兰屯市地处内蒙古自治区东北部呼伦贝尔市南端，地质结构处于大兴安岭隆起带中段东缘、松辽沉降带北带西侧。区域内地层发育较为齐全，主要有山地（中山、低山）、丘陵、平原和河谷4种地形单元，全市海拔250~1 706米。东以音河为界与阿荣旗相邻，南以金界壕为界与黑龙江省甘南县、龙江县及扎赉特旗接壤，西以哈玛尔山和漠克河为界与兴安盟相连，北以阿木牛河为界与牙克石市作伴。扎兰屯葵花农产品地理标志地域保护范围包括南木鄂伦春民族乡、卧牛河镇、达斡尔民族乡、高台子街道、大河湾镇、成吉思汗镇、中和镇、萨马街鄂温克民族乡、蘑菇气镇、哈多河镇、洼堤乡、浩饶山镇12个乡镇（街道），保护范围位于东经120°28′51″~123°17′30″、北纬47°5′40″~48°36′34″。保护规模3.3万公顷，年产量7.5万吨。

2 自然生态环境和人文历史情况

2.1 土壤地貌情况

扎兰屯市地质构造属新华夏系大兴安岭隆起带中段东侧与松辽沉降带中部西缘下沉，中性带中期大兴安岭隆起上升，松辽沉降带相对下沉，形成了现在平坦宽阔的河谷以及低矮丘陵山地，地势由北向南倾斜，海拔由柴河源基尔果山的1 695.9米至音河的200米，境内山、丘、岗、川相间交错，分为中低山地、丘陵漫岗、河川谷地三大地貌类型。土壤多为暗棕壤土、黑土和草甸土，土壤肥沃，耕地性良好。土壤pH值在4.8~7.1，土壤肥力状况良好，有机质含量平均6.54%。全氮平均含量2.18克/千克，有效磷平均含量17.4毫克/千克，速效钾平均含174毫克/千克，微量元素丰富，土壤含有丰富的有机质、良好的团粒结构，非常适宜葵花生长发育。

2.2 水文情况

扎兰屯市境内河流有雅鲁河、卧牛河、济沁河等，总径流量为34.9亿立方米。水域面积占全部面积的0.7%，地下水总补给量3.78亿立方米，可利用量1.11亿立方米。扎兰屯市境内河流均发源于大兴安岭东麓，流域内没有任何污染源，水质天然良好，是葵花种植的最佳地理位置。由于境内河流众多，南北纵向山沟常年有河水流出，呈阶梯状分布，密度较大，覆盖全市；地下水矿物质含量丰富，无工业污染，为葵花生产创造了得天独厚的自然条件。

2.3 气候情况

扎兰屯葵花产地属中温带大陆性半湿润气候区，全年日照时数平均为2 612小时，年平均气温3.6℃，≥10℃的有效积温平均2213℃，年降水量在450～550毫米，降水主要集中在7—8月，无霜期短，年均120天。春季干旱、风大、升温快，秋季降温剧烈，夏季短促，冬季漫长寒冷。扎兰屯市四季气候分明，独特的气候适宜发展具有特色的扎兰屯葵花生产，有利于葵花健壮生长，为扎兰屯葵花的丰产创造了条件；光照充足，昼夜温差大则是扎兰屯葵花籽粒大、圆滑、光亮的主要因素，由于瓜籽色泽统一、饱满性好、空壳少，深受广大消费者的欢迎，市场前景广阔。

2.4 人文历史情况

清末、民国时期，扎兰屯地区油脂、油料为自由买卖，城乡油磨坊常年收购本地出产大豆、葵花籽等油料作物，加工成成品油出售，或代为加工。九一八事变后东北沦陷时期，日伪当局通过粮谷公社、农产公社、兴农合作社及各地粮油交易所，大量收购大豆、葵花籽油料作物运回日本。1946年10月，纳文慕仁盟利民实业公司建立后，在收购粮食作物的同时，通过各地供销部门收购大豆、葵花籽等油料作物。1947年7月，扎兰屯市公粮中心仓库及各地公粮仓库、粮油接收站相继建立，在收购粮食的同时，收购大豆、葵花籽、油菜籽、线麻籽等油料作物。1982—1984年，油料实行购、销、调大包干，一定三年不变，葵花籽为市、旗主要小油料品种，征购任务30%统价收购，70%加价收购。大包干期间，平均收购葵花籽2 161万千克。1985年1月，油料同其他主要粮食品种一道实行合同订购，这一年，扎兰屯市油料合同定购任务为600万千克，均为葵花籽。订购内按"倒四六"比例计划，订购外随行就市，本年完成油料定购1 454万千克，议价收购322.8万千克。1986年，全市葵花籽产区发生严重菌核病，减产严重，合同定购完成1 158万年，完成计划83.9%。1987年后，葵花籽菌核病大面积蔓延，种植面积大幅减少，呼盟公署将定购任务减为375万千克。1987—1990年，葵花籽合同订购均未完成计划，收购量降至最低点，年均平价收购5万千克，议价收购78万千克。近几年来，随着种植业结构的调整，葵花种植面积逐年上升，至2007年，扎兰屯市葵花种植面积3.3万公顷，年产量达7.5万吨，产值达2.4亿元。2008年，扎兰屯市积极引导农民发展葵花种植业，打破传统的种植业结构，引导农民大面积种植葵花，通过农民专业合作社开展订单收购，社员覆盖全市12个乡镇，农民当年喜获丰收，每亩纯收入500多元，年产葵花籽1.5万吨，产品成功注册"哈多河"牌商标。并通过2008·内蒙古（扎兰屯）绿色食品交易会暨绿色产业发展论坛与客商签约扶持项目，实行生产资料统一提供、生产技术统一培训、生产规程统一制定、产品统一销售，发展葵花种植农民1 500户，推广杂交葵花60万亩，年生产优质葵花7.5万吨，年产值11.25万元。

3 特定生产方式

3.1 产地选择

应选择大气环境、水源、园地土壤无污染；地下水位较低、土层深厚肥沃，土壤pH值在4.8～7.1，排灌良好的丘陵地、沙荒地壤土和沙壤土建园。如在黏重土壤上，需进行土壤改良。在核果类土地上必须间隔至少5年，并进行土壤改良。园地选择应远离国道、铁路等交通主干线100米以外，环境空气质量应符合GB 3095—2012《环境空气质量标准》。

3.2 品种选择

品种为扎兰屯传统种植的品种食葵三道眉，种子质量符合GB 4407.2—2008《经济作物种子 第2部分：油料类》的规定。

3.3 生产过程管理及农业投入品方面的规定

3.3.1 对环境条件的要求

①温度：扎兰屯葵花比较耐寒，种子在6～10℃时即可发芽，幼苗能忍受-2℃低温。因此，非常适合在扎兰屯市种植。

②水分：扎兰屯葵花水分耐旱力较强，幼苗至开花前吸水较少，只占全生育期的20%～25%，开花至种子灌浆时期保证水分的供应是高产丰收的关键。

③营养：花盘形成至开花期吸收营养物质最多，占全部营养物质的3/4。幼苗期吸收营养很少，出苗至花盘形成需磷最多，花盘形成至种子蜡熟期吸收钾最多。为保证葵花优质高产，籽仁饱满充实，应注意施全肥，前期以磷为主，中后期以氮、钾为主。

④土壤：扎兰屯葵花土壤适应性强，对土质的选择不严格，一般土地均能种植。

⑤授粉：葵花授粉主要依靠昆虫，一部分借助风力，正常的受精过程决定于适宜的温度、日光、大气湿度及昆虫活动、风力情况。高温干燥天气容易减弱花粉的生活能

力，影响正常受精，开花期阴雨连绵影响蜜蜂等昆虫活动。

3.3.2 栽培技术

3.3.2.1 种子处理

播前4~5天人工精选种子，并晒种2~3天，促进种子后熟和增强种子活力。用25~30℃的水浸种15~16小时，或用50℃水浸种3~4小时，捞出摊开，在15~16℃的室内堆放，经24小时部分种皮开口露芽、大部分种子吸水萌动，即可播种。用0.3%磷酸二氢钾浸种6~12小时，用0.4%的速克灵拌种预防菌核病。

3.3.2.2 选地、选茬

选地应选择耕层深厚、肥力较高、保水保肥及排水良好的地块；选茬应优先选择小麦、玉米、马铃薯茬，轮作年限5~8年。

3.3.2.3 轮作

在同一块地上，连续种植葵花，由于病虫、杂草及钾肥不足往往减产。因此，需要安排轮作。根据扎兰屯地区经验证明，连种两年葵花再换种两年其他作物并配合补肥等相应措施，能实现葵花稳产，将它种在豆科作物、小麦、马铃薯之后可得到更好的产量。

3.3.2.4 整地

秋翻起垄，耕深20~23厘米，达到无漏耕、无立垡、无坷垃，夹施农肥或绿肥起垄，耕后及时镇压。

秋翻春起垄，早春化冻14厘米时，及时耙耢，起垄镇压；深松起垄，先松原垄沟，再破原垄台合成新垄，及时镇压。

3.3.2.5 施肥

结合整地每公顷施用腐熟优质农家肥30~45立方米，同时结合耕地要施入适量的有机肥或氮、磷、钾全肥，以保证葵花苗期生长发育良好。化肥施用按农业农村部制定的绿色食品标准施肥。氮肥，每公顷100~150千克尿素于葵花现蕾期追肥。磷肥，每公顷施五氧化二磷60~75千克，结合整地作种肥或底肥施入。钾肥，每公顷施氧化钾35~50千克作底肥或种肥。

3.3.2.6 播种

扎兰屯市一般把花期安排在8月下旬，使花期避开结实期的降雨高峰、降低菌核病发病率，减少为害，有利于授粉灌浆，选择在5月5—10日播种。葵花为双子叶植物，为保证种子顺利出苗，在足墒的情况下，力求浅播，播深在3.5~5.0厘米。播种方法有穴播、条播或机播。穴播每穴3籽，每亩需种1.5千克，条播或机播亩用种2.5~3千克。

3.3.2.7 合理密植

扎兰屯葵花采用宽窄行种植，大行距0.8米，小行距0.5米，株距0.4米，亩留苗2 500~3 000株。

3.3.3 田间管理

3.3.3.1 保苗、间苗和定苗

足墒浅播有利于种子迅速发芽出苗。因扎兰屯葵花具有苗期生长快、发育早的特点，所以在管理上必须做到及时间苗、定苗。一般幼苗出现1对真叶时即可间苗，3对真叶时及时定苗。出苗后进行铲前深松或铲前趟一犁，发现"缺苗断条"时，立即定向坐水代土补栽。定苗前后注意防治地老虎等地下害虫，定苗最晚不要超过4对真叶。出苗后进行铲前深松或铲前趟一犁。

3.3.3.2 中耕锄草

结合间苗进行第1次中耕，深3~4厘米。定苗一周后进行第2次中耕，深8~10厘米。苗高1.5~0.7米进行第3次中耕，深8~10厘米，开始结盘时进行第4次中耕，深度3~4厘米。第3~4次中耕可结合培土防倒伏。

3.3.3.3 打杈、打叶

在花盘形成期，在茎秆中上部常发生分枝现象，要及时除掉，使营养集中在主茎花盘上，保证籽粒饱满充实。打杈工作要及时，做到"枝杈一冒，立即打掉"，此外密度过大，通风透光不良或有徒长现象的地块，应在花授粉后适当打掉部分不太起作用的老叶。

3.3.3.4 人工辅助授粉

一般采用两种方法。一是软扑授粉法，授粉时，用软扑轻轻摩擦花盘，使花粉粘在软扑上，然后连续摩擦其他花盘。二是花盘接触法，即在开花期间将两个相近的花盘互相摩擦授粉。整个花盘从开花至结束需8天左右，一块地由初花到终花需18天左右。授粉每隔1~2天进行一次，共进行2~3次，每次授粉在早晨露水干后至11时效果最好。

3.3.3.5 追肥

在现蕾前期亩追施尿素3~5千克，距苗6~9厘米穴施，现蕾至开花每亩叶面喷施0.2%~0.5%磷酸二氢钾（每100升水加入100~300克磷酸二氢钾）和0.1%硼酸溶液50千克，间隔10天后再喷施一次。10时前，同时要进行打杈，减少养分消耗。

3.3.4 病虫害防治

3.3.4.1 病害

扎兰屯葵花病虫害发生率较低，主要病害为白粉病、黑斑病、细菌性叶斑病、锈病（盛行于高湿期）和茎腐病。白粉病发病时叶片开始生白色圆形粉状斑，扩大后连成一片，以后白粉层上又生褐色小点，植株生长停止。黑斑病发病时，叶片生大小不一的深褐色或浅黄色病斑，后发展成褐色斑，病斑相连成大斑块，使叶片变黑枯死。可以通过对基质的消毒、合理浇水、增加空气流通、间歇喷洒保护性杀菌剂等方法进行预防。

感病后，清除病叶和残株，集中烧毁；在发病初期，可用50%甲基硫菌灵可湿性粉剂500倍液喷洒或用等量式波尔多液防治。

3.3.4.2 虫害

蚜虫、盲蝽、红蜘蛛、金龟子等，可用40%氧化乐果乳油1 000倍液、73%克螨特乳油1 500倍液进行喷雾防治喷杀。当向日葵螟成虫盛发期每公顷用赤眼蜂卡90个、间隔3天分两期均匀分布，将蜂卡用曲别针别在叶片的背部。

3.4 产品收获及收获后管理

当叶片大部分干枯凋萎，上部茎秆和花盘背部变黄，舌状花脱落，籽粒变硬现出本色时为收获适期。收获时，用镰刀将花盘割下，放在阴凉通风处后熟。花盘晒干即可用木棒拍打花盘背面或用脱粒机脱粒。将籽粒暴晒2～3天，水分低于12%，净度达95%时，入库保存或销售。

3.5 生产记录要求

从播种到收获的生产过程要有农事活动记录，统一印制生产作业记录本，要求农户按管理的程序及时、认真填写，包括施用肥料名称、时间、剂量；使用农药名称、时间、用量、防治对象；除草时间、方法；收获时间、数量、销售地域。生产记录必须保存两年以上。

4 产品品质特性特征和质量安全规定

4.1 外在感官特征

扎兰屯葵花植株茎秆高大、粗壮、根系发达，抗倒、耐水、耐肥。籽粒大、圆滑、光亮，色泽统一、饱满性好，空壳少、产量高。

4.2 内在品质指标

扎兰屯葵花籽仁，整仁率93%以上，水分8%以下，杂质0.6%以下，仁中含蛋白质22%～27%，脂肪53%～58%；葵花籽仁口感纯香，香脆可口，不油腻。用其压榨出的葵花籽油，营养丰富，富含亚油酸，有健康油、延寿油之称，远远高于市面上的菜籽油、粟米油、大豆油的含量，是上等油脂。

4.3 安全要求

扎兰屯葵花的生产严格按照绿色食品标准执行，农药使用严格执行NY/T 393—2020《绿色食品　农药使用准则》，肥料使用严格执行NY/T 394—2023《绿色食品肥料使用准则》，严格遵守《中华人民共和国农产品质量安全法》规定。

5 包装、标志使用等相关规定

5.1 分级包装

5.1.1 收获后的葵花，及时晾晒，根据产品种类进行分级包装。

5.1.2 产品包装注明生产日期、生产单位、产地、等级、规格、净重、包装日期等内容，并做好相关记录。

5.1.3 包装后入库储藏，库房要保持通风、干燥，防止鼠害，防止发霉，不能与其他产品同时运输，以免发生混杂。

5.2 标志使用

5.2.1 同一批货物的包装标识，在形式和内容上必须完全统一。标志使用人应在其产品或包装上标注"扎兰屯葵花"字样和农产品地理标志公共标识，字迹清晰，容易辨认。

5.2.2 标识内容应标明葵花商标、质量等级、经销者名称和地址、挑选人员代号，葵花收获后生产者应及时装运、验收、交售。

5.3 储运

5.3.1 验收后的葵花应根据成熟程度和品质情况,按计划迅速组织调运。

5.3.2 葵花在列车站台或水运码头待运时,必须批次分明,堆码整齐,环境清洁,通风良好,严禁烈日暴晒、雨淋,注意防冻、防热。

扎兰屯沙果质量控制技术规范

编号：AGI2009-07-00181

本质量控制技术规范规定了经中华人民共和国农业部登记的扎兰屯沙果地域范围、自然生态环境和人文历史情况、特定生产方式、产品品质特性特征和质量安全规定、标志使用等相关内容。

1 地域范围

扎兰屯市地处内蒙古自治区东北部呼伦贝尔市南端，地质结构处于大兴安岭隆起带中段东缘、松辽沉降带北带西侧。区域内地层发育较为齐全，主要有山地（中山、低山）、丘陵、平原和河谷4种地形单元，全市海拔250~1706米。东以音河为界与阿荣旗相邻，南以金界壕为界与黑龙江省甘南县、龙江县及扎赉特旗接壤，西以哈玛尔山和漠克河为界与兴安盟相连，北以阿木牛河为界与牙克石市作伴。扎兰屯沙果的地域保护范围为内蒙古自治区扎兰屯市境内，地理坐标为东经122°28′~123°17′，北纬47°35′~48°06′，南北长145千米、东西宽86千米，主要涉及扎兰屯市的南木鄂伦春民族乡、卧牛河镇、高台子街道、中和镇、萨马街鄂温克民族乡、蘑菇气镇、洼堤乡、哈多河镇8个乡镇（街道），共计74个行政村。总生产面积1.6万公顷，年产量24万吨，年产值达13.5亿元。

2 自然生态环境和人文历史情况

2.1 土壤地貌情况

扎兰屯沙果产区主要以山区丘陵漫岗为主，山区丘陵面积占总面积的69%，北部属雅鲁河谷平原，中部属架子山低山丘陵，南部属基尔果山中山丘陵。主产区土壤以暗棕壤土为主，据测定有机质含量6.22%以上，全氮平均含量2.34克/千克，有效磷平均含量26毫克/千克，速效钾大于65毫克/千克，pH值4.9~7.7。土层深厚，土壤肥沃，保水保肥能力强，适宜沙果的生长。

2.2 水文情况

扎兰屯沙果产区内年平均降水量718.6毫米，水利条件配套齐全，地下水源充足，农田排灌设施配套,水质清澈纯净,水资源保持良好。无污染,达到了旱能浇、涝能排。河流主要有雅鲁河、卧牛河、济沁河3个流域,年平均径流量25 118万立方米。水资源丰富,其中河川流量为21.25亿立方米,地下资源5.02亿立方米。由于扎兰屯沙果产区河流众多,南北纵向山谷常年有河水流出,呈阶梯状分布,密度较大,流经沙果产区,水质清澈纯净,水资源保持良好,地下水矿物质含量丰富,为扎兰屯沙果生产创造了得天独厚的自然条件。

2.3 气候情况

属中温带大陆性半湿润气候,春季干旱、风大、升温快;夏季炎热多雨,降水充沛;秋季降温剧烈、昼夜温差大;冬季漫长寒冷,多雪。全年日照时数平均为2 612小时,年平均气温3.6℃,≥10℃的有效积温平均2 213℃,年降水量在450~550毫米,降水主要集中在7—8月,无霜期短,年均120天。独特的气候条件,非常适于生产优质沙果。

2.4 人文历史情况

扎兰屯沙果栽植历史久远,是我国北方优质沙果的主产区,扎兰屯市出产的黄太平、大秋果、海棠果等沙果远近闻名。扎兰屯沙果又有冷金丹、林檎、无色来、联珠果等别称,在《日华子本草》《开宝本草》《医林纂要》等文献中均有记载。从19世纪末就开始有零星种植,扎兰屯市从20世纪40年代初开始引进大秋、黄海棠等沙果进行栽植,1950年扎兰屯市农业生产试验进行小规模果树示范栽培,取得了在高寒地区栽培果树的经验。此后又从黑龙江省、吉林省等地相继引进了太平果、大秋等小苹果苗木,同时开始用山丁子进行人工嫁接培育地产沙果树苗,并先后从外省引入黄太平、大秋、黄海棠、紫太平、青太平、七月鲜等,经栽培试验,沙果耐寒冷、抗冻能力强,适合当地栽培。至1959年,仅扎兰屯栽培沙果树就达1 506亩,年产水果2.4万千克。1981—1990年全市栽培沙果树4万亩,年均产沙果600万千克。至2000年,沙果种植面积近10万亩,年采收6万吨,年产值5.4亿元,沙果干、沙果糕、沙果汁等产品已销往北京市、呼和浩特市、上海市、天津市、河北省等,沙果产业带动当地果农实现年增收1 140万元。目前全市沙果种植面积15万亩,亩产600千克左右,年加工沙果5万吨。2017年2月农业部批准扎兰屯市创建10.9万亩全国绿色食品原料(沙果)标准化生产基地,利用当地特有的气候条件和资源、区位优势,积极培育,扶持发展地方绿色、特色产业,引导农户发展沙果林下间作、庭院种植,以"公司+基地+农户"的经营模式发展专业化林果产业基地,真正实现农林特色产业良性循环和产品保鲜、储藏、加工、销售一体化经营,增加农民收入,促进农业增效和县域经济的快速发展。

3 特定生产方式

3.1 产地选择

扎兰屯沙果的产地应选择旱能浇、涝能排，土壤、灌溉水无污染，远离厂矿企业的漫岗缓坡地。要求土层深厚、土质肥沃的沙壤土，pH值在5.4~6.8。环境质量合符GB 3095—2012《环境空气质量标准》。

3.2 品种选择与特定要求

应选择树势强健、丰产性好、适应性和抗逆性均强、较耐储藏的品种。主栽品种为黄太平。

3.3 生产管理

3.3.1 土壤管理

每年9月中旬至10月上旬进行扩穴或深翻，深度40~60厘米，严禁损伤0.5厘米粗度以上的主根，扩穴可以结合施基肥进行，深翻后及时耙平、灌溉。果园土壤土质不佳时，结合深翻采取多施有机肥、农作物秸秆以及黏土掺沙土等办法进行改良。生长季节要实施树盘除草，低于20厘米的行间草不除，雨后或灌溉后及时松土保墒。

幼龄果园的土壤管理：幼龄果园根系分布不大，果树行间有很多空地可以利用，可以在果树行间间作一些农作物，可以增加果园的经济收入，达到以短养长，合理利用土地的目的。所选间作物最好是生育期短、矮棵、肥水消耗较少的植株，而且不利于果树病虫害的发生，如马铃薯、一年生的豆科作物等。间作方式为1~3年生果树应留1.5米，3~5年生果树留2米，注意间作物也应实行轮作制。

成龄果园的土壤管理：一般沙果树在3~4年进入结果初期，此期树冠体积不大，行间还可以适当间作，但进入盛果期后，树冠扩大，必须停止一切间作物，营养前期是果树生长的旺盛期，应实时浅耕，使土壤保持疏松，适时施肥、灌水。夏季后期，应停止耕作，也可播种绿肥。秋末时期应进行深耕，通过秋耕不但使根系旺盛，而且可以保持冬季的雨雪，杀灭病虫。一般采取果园生草法、作物覆盖法、地膜覆盖法等方法减少地表水分蒸发，改善土壤肥力，减轻盐碱和病虫的危害。

3.3.2 果园施肥

幼树的施肥管理：幼年果园由于根系幼嫩，对肥料的吸收能力较弱，一般采用多施少施，每株施农家肥5~10千克、尿素0.1~0.25千克、磷肥0.25千克。

成年树的施肥管理：成年树的施肥在春季5月中旬至6月中旬，施肥量为每株施农家肥40千克、磷肥1千克、尿素0.25千克，秋季施肥时间在9—10月，施肥量为每株施农家肥30千克、磷肥0.25千克、尿素0.15千克，施肥方法是在树盘周围挖穴30厘米深，环状施肥，磷肥与农家肥混合施入。

3.3.3 病虫害防治

由于扎兰屯沙果产区气候温凉，昼夜温差大，病虫害发生少，主要以预防为主，采取综合防治的措施，根据病虫害发生规律，各种农药交替使用，提高防治效果，按照NY/T 393—2020《绿色食品　农药使用准则》执行。采用人工、物理、生物措施控制病虫，减少化学农药用药次数，充分保护天敌。严禁使用高毒、高残留农药，推荐使用低毒、低残留农药或生物农药，生长季节喷药次数控制在4次左右。

3.3.4 整形修剪

果树整形修剪分为幼树修剪、盛果树修剪和衰老树修剪。

幼树修剪：幼树应适当轻修剪，冬剪以短截为主，疏枝为辅，目的是增加分枝，促进转化，为早期丰产打好基础。

盛果树修剪：冬剪以疏为主，主枝延长头加以短截，扩大树冠，夏季以幼枝为主，徒长摘心，对结果母枝不能短截，多疏背主枝，3~4年生结果母枝需疏剪更新，促发粗壮结果母枝。

衰老树修剪：回缩大枝，回缩程度可在5~7年生留桩，对抽生徒长枝摘心，并配合其修剪措施，恢复结果能力。

3.3.5 农业投入品管理规定

投入品实行定点购买，销售点必须建立销售记录，使用时应在技术人员的指导下进行。

3.4 产品收获及收获后管理

根据品种、采后用途、销售途径、市场环境条件及气候条件等，以采收成熟度、鲜食成熟度、生理成熟度确定适宜采收期。采收工作应在晴天、无风条件下进行，人工采摘应先冠外后冠内，先下后上，轻摘轻放，注意不要损伤树体及枝条，果实摆放做到松而不动、紧而不挤，根据沙果品种特性适时采收，分级包装后上市或冷库预冷后上市。

3.5 生产记录要求

统一印制生产作业记录本，要求农户按管理的程序及时、认真填写，包括使用肥料名称、时间、计量；使用农药名称、时间、用量、防治对象；除草时间、方法；整形修剪时间、方法；保花疏果时间、方法；采收时间、数量、销售地域。每户生产记录必须保存两年以上。

4 产品品质特性特征和质量安全规定

4.1 外在感官特征

扎兰屯沙果果实大小均匀,直径3~5厘米,呈圆形。成熟时果实外表颜色呈红色或红黄色,着色均匀,有光泽,果皮薄,香气浓。果肉黄白色、肉质细嫩、松脆、汁多、酸甜适口。果汁酸甜可口、风味独特。除鲜食外,还可以加工果汁、果脯、果酱、果丹皮及酿酒。

4.2 内在品质

扎兰屯沙果可食率80%以上,含糖11%~14%、含酸3.5%~4.1%、维生素C 3~5毫克/100克。扎兰屯沙果作为中国北方优良的山奇异果,富含多种维生素、矿物质、抗氧化因子、碳水化合物和微量元素,其保健、药用价值突出,具有生津止渴、驱虫明目的功效,一直受当地推崇。

4.3 安全要求

扎兰屯沙果卫生安全指标必须达到《中华人民共和国农产品质量安全法》《农产品标识包装管理办法》《农产品地理标志管理办法》等相关法律法规的规定。

5 包装、标志使用等相关规定

5.1 分级包装

5.1.1 收获后的沙果,及时晾晒,根据产品种类进行分级包装。

5.1.2 产品包装注明生产日期、生产单位、产地、等级、规格、净重、包装日期等内容,并做好相关记录。

5.1.3 包装后入库储藏,库房要保持通风、干燥,防止鼠害,防止发霉,不能与其他产品同时运输,以免发生混杂。

5.2 标志使用

5.2.1 同一批货物的包装标识,在形式和内容上必须完全统一。标志使用人应在其产品或包装上标注"扎兰屯沙果"字样和农产品地理标志公共标识,必须字迹清晰,容易辨认。

5.2.2 标识内容应标明沙果商标、质量等级、经销者名称和地址、挑选人员代号,沙果收获后生产者应及时装运、验收、交售。

5.3 储运

5.3.1 验收后的沙果应根据成熟程度和品质情况，按计划迅速组织调运。

5.3.2 沙果在列车站台或水运码头待运时，必须批次分明，堆码整齐，环境清洁，通风良好，严禁烈日暴晒、雨淋，注意防冻、防热。

扎兰屯榛子质量控制技术规范

编号：AGI2010-07-00375

本质量控制技术规范规定了经中华人民共和国农业部登记的扎兰屯榛子地域范围、自然生态环境和人文历史情况、特定生产方式、产品品质特性特征和质量安全规定、分级包装和标识等相关内容。

1 地域范围

扎兰屯榛子在内蒙古自治区扎兰屯市境内，位于呼伦贝尔市南端的大兴安岭东麓，东与阿荣旗相邻，南与黑龙江省甘南县、龙江县及扎赉特旗接壤，西与兴安盟相连，北与牙克石市作伴，是呼伦贝尔市向东开放的窗口。欧亚大陆桥滨洲铁路贯穿全境，内蒙古自治区阿荣旗—广西省北海市省际大通道和301、111国道在此交汇。扎兰屯榛子农产品地理标志地域保护在扎兰屯市境内10个乡镇（街道）及所属89个行政村，具体是南木鄂伦春民族乡、达斡尔民族乡、成吉思汗镇、中和镇、萨马街鄂温克民族乡、蘑菇气镇、洼堤乡、哈多河镇、浩饶山镇、柴河镇，总生产面积78万公顷，年产量800万吨。扎兰屯榛子产地地处大兴安岭东麓，济沁河、绰尔河上中游两岸，扎兰屯市西南金界壕两侧，地理坐标为东经122°32′~123°10′，北纬47°55′~48°02′，海拔250~1 706米，适宜扎兰屯榛子生长。

2 自然生态环境和人文历史情况

2.1 自然生态环境

扎兰屯榛子产地土壤主要为暗棕壤土，土层深厚、疏松，土质肥沃、排水透气性良好，土壤pH值4.2~7.6，耕层有机质含量6.15%以上，地势由西北向东南倾斜，地形以丘陵为主呈波状起伏。气候属中温带大陆性半湿润气候区，榛子生产区域全年日照时数2 612小时，年平均气温3.6℃，≥10℃的有效积温平均达2 115℃，无霜期短，年均120天，年降水量在450~550毫米，降水主要集中在7—8月，水资源丰富，其中河川流量为21.44亿立方米，地下资源6.56亿立方米。无工业污染，水资源保持良好，水质达到NY/T 391—2021《绿色食品 产地环境质量》标准，良好的自然资源为扎兰屯榛子优良的品质创造了先天条件，极有利于榛子的生长和挂果。

2.2 人文历史情况

扎兰屯榛子是扎兰屯市林果业品牌，种植历史悠久。据史料记载，铁木真（元太祖成吉思汗）9岁时，其父被塔塔儿部人毒死，1202年，铁木真消灭了塔塔儿部，占领了呼伦贝尔草原，报了杀父之仇。此战役行军途中，铁木真身心疲惫，神倦体乏，经今雅鲁河畔扎兰屯西南部乡镇，见榛树结满榛子，子如小栗，铁木真采而尝之。仁满粒香、掌击而裂，食后神清气爽，气力倍增，太祖甚喜谓之，"此乃山神赐我之神食也"。元朝建立后，每逢祭祀元太祖，贡品必有采自扎兰屯西南部乡镇的榛子等干果，称为"神食"。榛子采集业是扎兰屯市较早开发的产业，市境内土质肥沃，气候适宜，雨量充沛，资源丰富，交通发达，为榛子产业发展提供了良好的资源优势。扎兰屯市境内分布33 000公顷榛子林，是一座巨大的天然"绿色宝库"，盛产大量平榛，是内蒙古自治区乃至全国重要的榛子生产基地。榛子是林下产品中经济价值较高的一种野生资源，近年来，随着市场经济的发展，扎兰屯市委、市政府因地制宜，立足资源优势，坚持以科学发展观为指导，立足可持续发展的战略高度开发利用榛林，把发展榛林经济作为全市林业产业开发的战略重点之一，确立了总体规划，初步确定了以科技促生产，以开发促发展的思路，现已形成垦复、加工、销售一条龙的综合开发之势。扎兰屯市结合林权改革，出台了《浅山区次生林分户承包管护管理办法》，调动了农民承包山林的积极性，榛子林得到了很好的保护与发展，榛子林承包户加大投入，以科学的方法和技术提高了野生榛子的产量。2008年扎兰屯市组织产地相关单位申报扎兰屯榛子为绿色食品并获得通过，标志编号LB-20-0807052539A。

3 特定生产方式

3.1 产地选择

扎兰屯榛子是野生，生长在深山老林中，生态环境良好，远离污染源，产地环境质量符合NY/T 391—2021《绿色食品 产地环境质量》标准。

3.2 品种介绍

扎兰屯榛子，又名榛、榛子、平榛。灌木，丛生，株高1~2米。叶倒卵形，顶端平截，中央具三角形突尖。开花期为3月下旬至4月中下旬，果实成熟期为8月下旬至9月上旬。

3.3 生产过程管理

榛果采收、榛果成熟的标志是,果苞和果顶的颜色由白色变成黄色,而且果苞基部出现一圈黄褐色,俗称"黄绕"。此时果苞内的坚果用手一触即可脱苞,即为适宜采收期。扎兰屯榛子于8月中旬至9月上旬成熟,对榛子进行分期采收,同一榛园内的果实,采收期一般可持续7~10天。采收方式分人工采收和机器采收。

人工采收:株型较矮的榛子树,可直接以手采摘,采收时可连同果苞一同采下,采后集中运到堆果场脱苞。树型较高的榛子树,可以设法振动榛子树枝条,使榛果落地,再集中收集起来;也可待其自然熟透让果实脱苞落地,再拣拾集中起来,一般隔天拣果1次。

机器采收:采收之前,先将园地清理干净,平整土地。采收时,先用振动机将榛子树枝条上的榛果振落地面,然后用吸收机收集起榛果。

3.4 采后处理

采收的带果苞的榛果为新鲜榛果,其含水量很大,杂质多,要经过脱苞、除杂、晾晒等工序处理才能达到商品榛子的要求。

脱苞:人工采收时,采下的带苞果实,需脱苞处理。机械化采收的榛子没有脱苞工序,因榛子已经自动脱苞落地。堆积带苞榛果,使果苞发酵后榛果自动脱苞。其方法是将采下的带果苞果实堆置起来,厚度为40~50厘米,上面覆盖草帘或其他覆盖物,使果苞发酵1~2天。待堆置发酵后,用木棒敲击果苞,坚果即可脱苞,也可采用手工脱苞。可将采集的带苞榛子放置于堆果场上晾晒,然后用木棒敲击,使之脱苞。

除杂:已脱苞的榛子仍然带有果苞碎片、枝叶碎片、土块等杂质以及空粒、虫果等,除杂就是使之更加纯净,达到商品榛子的要求。除杂利用风车进行,将轻的果苞碎片、枝、叶吹出,将较重的杂物落下,中间出口即是干净的榛子,然后进行水洗使榛子更加洁净。

干燥:新采收的榛子果实含水率20%~35%,加之水洗,又增加了榛子的水分含量,为了便于储藏和进一步加工,必须进行干燥,使其含水率降至5%~7.5%。

晾晒:将清洗后的榛子放在阳光下晾晒使之干燥,但不宜暴晒,避免果壳开裂。在气温18~22℃的条件下,经过6~8天晾晒,榛子的含水率可降至符合要求,即可收集储藏。

榛仁烘烤:用烘烤机将榛仁烤熟,烤榛子机每次可烤25千克榛仁,温度和时间由电脑控制。烤熟后的榛仁通过搅拌脱掉仁皮,最后白色的榛仁放进不锈钢容器存储。

3.5 储藏条件

榛子含水量少,其含水率为5%~7.5%,较耐储藏。储藏榛子的条件是低温、低氧、干燥、避光。将采后处理的榛子用编织袋、尼龙网兜等容器装好,放入仓库储藏。为了延长储藏期,可用牛皮纸小袋包装,每袋10千克,袋口封严。适宜的温度为15℃以下,空气相对湿度在60%以下。储藏期间,要经常保持库内清洁、干燥、通风、阴凉无鼠害,严禁与煤油、化肥、农药或其他有异味的物品共同存放一处。仓库内光线较暗,坚果可储藏2年不变质。

3.6 榛子分级

按榛子大小分为4个等级,以便于进一步加工。采用分级机进行分级,其主要设备是圆筒形的带有不同大小筛孔的筛子。

3.7 产品收获及收获后管理

扎兰屯榛子每年处暑节气过后开始采收,要求达到榛子应有的色泽和风味,充分成熟后采收;采收后的果实要放在干燥处,不能日晒雨淋。

3.8 生产记录要求

统一印制榛子采摘作业记录本,要求农户及时、认真填写。包括榛子采摘时间、地点、人员、采收量、榛子质量、销售地域等,每户生产记录必须保存3年以上。

4 产品品质特性特征和质量安全规定

4.1 外在感官特征

扎兰屯榛子籽粒光滑呈圆形,外壳坚硬,黄色褐色。果苞钟状,每序结实1~6粒。坚果金黄褐色,为圆球形,果仁无空心。

4.2 内在品质指标

扎兰屯榛子每100克果仁含脂肪51.4%~66.4%,蛋白质17.32%~25.92%,富含多种维生素、矿物质和氨基酸。扎兰屯榛子具有丰富的营养价值,出仁率在33%~41%。榛仁可生食,炒食,不仅风味好,且热量高,在食品工业中榛仁是巧克力、糖果、糕点等加工食品的优质原料。

4.3 安全要求

扎兰屯榛子采集区域内无工业污染,水质、空气、土壤均达到安全标准,天然野生生长,产品质量符合食品安全标准。因此,生长的榛果是纯天然野生的绿色食品,可以确保食后安全、健康,环境生长标准符合NY/T 391—2021《绿色食品 产地环境质量》。扎兰屯榛子市场准入遵循的国家强制性技术规程名称和相关法律法规有NY/T 391—2021《绿色食品　产地环境质量》《中华人民共和国农产品质量安全法》《农产品标识包装管理办法》《农产品地理标志管理办法》。

5 分级包装、标识等相关规定

5.1 分级包装

5.1.1 榛子包装袋必须坚实、牢固、干燥、清洁卫生，无不良气味，对产品应具充分保护性能。包装材料及制备标记所用的印色与胶水应无毒性，无害于人类食用。

5.1.2 在同一包装件内，优等榛子的成熟度应一致，其他等级榛子对成熟度一致的要求略低于优等榛子，但也不能装入成熟度差异太大的榛子。成熟度的选择应根据储藏和运输条件、储期长短和运输日程，保证产品安全储藏和安全抵达地点等因素加以决定。

5.1.3 采后低温进行中长期储藏的榛子，可选择适当的库房保存，库房内使用的包装袋的模式、容量及使用材料要统一。

5.1.4 采集后在常温下短期储藏或计划发运的榛子，可采用纸箱、纸盒包装。

5.1.5 优等榛子采用纸箱包装，包装内榛子包装袋的陈列外表应整洁美观。可以分层包装，也可以散装。任何包装件内底、中部和表面榛子的外观和品质应完全一致。

5.1.6 包装时应注意勿将树叶、枝条、尘土、石砾等杂物或污染物带入容器，避免污染产品，影响榛子质量。

5.2 标识

5.2.1 同一批榛子的包装标识，在形式和内容上必须完全统一。

5.2.2 不同纸箱应在箱外的同一部位，印刷或贴上不易抹掉的文字和标记，必须字迹清晰，容易辨认。

5.2.3 标识内容应标明榛子商标、品种、质量等级、净重、产地、经销者名称和地址、包装日期、挑选人员代号。

5.3 运输与储藏

5.3.1 榛子采收分级后生产者应尽快装运、交售、验收。

5.3.2 要求低温，低氧，干燥，避光，适宜气温15℃以下，相对湿度60%以下。

5.3.3 榛子储藏时，湿度应从采收时的高含水率降低到6%～7.5%，方可送库储藏。因此，榛子采收后，要经过清除杂质、干燥、储藏的过程。

5.3.4 储藏仓库要保持干燥，库房光线要较暗。

农产品地理标志
登记证书

中华人民共和国农业部

经审定，登记申请人申报的农产品符合农产品地理标志登记条件和相关技术标准要求，准予登记并允许在农产品或农产品包装物上使用农产品地理标志公共标识，特颁此证。

核准登记产品全称： 扎兰屯榛子
登记申请人全称： 扎兰屯市绿色产业发展中心
产品生产总规模： 78万公顷，800吨/年
质量控制规范编号： AGI2010-07-00375
登记证书编号： AGI00375

二〇一〇年十一月十五日

阿荣大豆质量控制技术规范

编号：AGI2013-01-1066

本质量控制技术规范规定了经中华人民共和国农业部登记的阿荣大豆地域范围、独特自然生态环境、特定生产方式、产品品质特性特征和质量安全规定、标志使用等相关内容。

1 地域范围

阿荣大豆主要产自于内蒙古自治区呼伦贝尔市阿荣旗，地域保护范围包括那吉镇、六合镇、亚东镇、霍尔奇镇、三岔河镇、复兴镇、向阳峪镇、得力其尔鄂温克族乡、查巴奇鄂温克族乡、音河达斡尔鄂温克族乡、新发朝鲜族乡7个镇、4个民族乡。西部与扎兰屯市隔河相望，东部与扎格敦山岭和莫力达瓦达斡尔族自治旗为邻，北部和鄂伦春自治旗相连，西北部与牙克石市接壤，南以金界壕为界与黑龙江省甘南县毗邻。地理坐标为东经122°02′30″~124°05′40″，北纬47°56′54″~49°19′35″，总面积13 600平方千米，大豆保护规模100万亩，年产量20万吨。

2 独特自然生态环境

2.1 土壤情况

阿荣旗境内分布有黑土、草甸土、沼泽土和暗棕壤4个土壤类型，其中境内土质以暗棕壤和黑土为主，耕地总面积达471.6万亩，腐殖质厚度40~100厘米，土质疏松肥沃，有机质含量6.29%，pH值6.23，呈弱酸性至中性。

2.2 水文情况

全旗各河流均属嫩江水系右岸支流，流经面积100平方千米以上较大河流有20条。全旗境内自北向南贯穿的阿伦河、格尼河、音河三大河流。阿伦河发源于阿荣旗境内北部山区；格尼河位于阿荣旗东部，发源于阿荣旗北部山区；音河位于阿荣旗西部，发源于阿荣旗西部山区。

2.3 气候情况

阿荣旗处于高纬度地区，属中温带大陆性半湿润气候区，无霜期90~130天，年平均气温1.7℃、最高气温38.5℃、最低温度-39.8℃，日照时数1 550~1 650小时，年有效积温2 895.6℃，年降水量400~458.4毫米，降水集中于6—8月，水蒸发量1 455.3毫米。

3 特定生产方式

3.1 品种选择

选择适合本地区积温的优质高产大豆品种，发芽率不低于95%，达到无病、无破粒，大小均匀一致，如蒙豆1137、蒙豆15、登科5、东升19等。

3.2 栽培方式

采用大豆垄上三行窄沟密植栽培方式，改垄上单行深施肥为垄上三行行间双行均衡供肥，既保留了深松、深施肥、垄上精量播种、便于中耕除草等优点，又实现了合理密植和均衡供肥，从而使植株分布合理，实现群体增产。

3.3 栽培方法

大豆垄上三行窄沟密植栽培技术是在原65厘米垄的基础上，将两行14厘米苗带加宽到22~24厘米，实行垄上三行精量播种，各行苗带间距为11~12厘米，两边行米间落粒10~12粒，中行米间落粒8~11粒，三行平均米间落粒30~35粒的栽培方法进行种植，较常规技术增产在20%以上。

4 产品品质特性特征和质量安全规定

4.1 外在感官特征

阿荣大豆是豆科油料作物，是重要的粮食作物籽粒圆形、颗粒饱满、色泽明黄。

4.2 内在品质指标

每100克干籽粒中蛋白质≥30克，磷脂（以脂肪计）≥5克，大豆异黄酮≥150毫克，天冬氨酸≥3.70克、苏氨酸≥1.30克、丝氨酸1.55克、谷氨酸≥5.40克、脯氨酸≥3.00克、甘氨酸≥1.40克、丙氨酸≥1.45克、胱氨酸≥0.40克、缬氨酸≥1.50克、蛋氨酸≥0.15克、异亮氨酸≥1.50克、亮氨酸≥2.50克、酪氨酸≥1.00克、苯丙氨酸≥1.70克、赖氨酸≥2.45克、组氨酸≥0.90克、精氨酸≥2.20克，氨基酸总量≥32.00克。

4.3 安全要求

在生产过程中严格执行《中华人民共和国农产品质量安全法》等相关法律法规，产地环境按NY/T 391—2021《绿色食品　产地环境质量》等规定进行生产，储藏执行NY/T 1056—2021《绿色食品　储藏运输准则》等相关规定。

5 标志使用

阿荣大豆农产品地理标志归阿荣旗地域内大豆种植者、经营者共同所有。经营者在产品或包装上使用已获登记保护的农产品地理标志，须向登记证书持有人提出申请，并按照相关要求规范生产和使用标志，统一采用"阿荣大豆"和农产品地理标志公共标识相结合的标注形式。

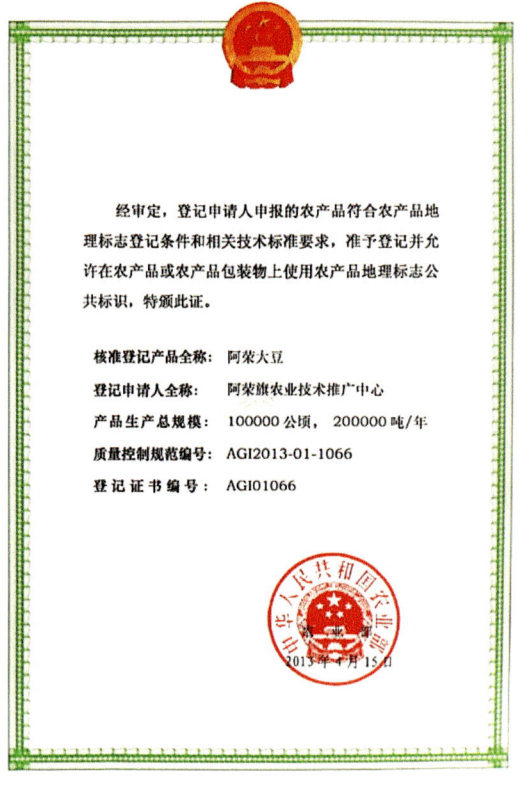

阿荣旗白鹅质量控制技术规范

编号：AGI2010-09-00467

本质量控制技术规范规定了经中华人民共和国农业部登记的阿荣旗白鹅地域范围、自然生态环境和人文历史情况、特定生产方式、产品品质特性特征和质量安全规定、标志使用等相关内容。

1 地域范围

阿荣旗白鹅主要产自内蒙古自治区呼伦贝尔市阿荣旗，地域保护范围包括那吉镇、六合镇、亚东镇、霍尔奇镇、向阳峪镇、得力其尔鄂温克族乡、查巴奇鄂温克族乡、音河达斡尔鄂温克族乡、新发朝鲜族乡5个镇、4个民族乡。西部与扎兰屯市隔河相望，东部与扎格敦山岭和莫力达瓦达斡尔族自治旗为邻，北部和鄂伦春自治旗相连，西北部与牙克石市接壤，南以金界壕为界与黑龙江省甘南县毗邻。地理坐标为东经122°02′30″~124°05′40″，北纬47°56′54″~49°19′35″，总面积13 600平方千米，白鹅保护规模500万羽，年产值2.5亿元。

2 自然生态环境和人文历史情况

2.1 土壤地貌情况

阿荣旗的地质结构属大兴安岭新华夏构造带，东西向褶皱，纬向构造，主要形成于泥盆纪中上统海岸沉积岩、火山岩中。在其地貌的发育过程中，由于中生代燕山期地壳运动产生了新华夏系的断块隆起，断裂规模和深度南北构造活动较为强烈，形成全旗北部中低山地区海拔800~1 149米，南部丘陵地区海拔198~400米。境内分布有黑土、草甸土、沼泽土和暗棕壤4个土壤类型，其中境内土质以暗棕壤和黑土为主，耕地总面积达471.6万亩，腐殖质厚度40~100厘米，土质疏松肥沃，有机质含量6.29%，pH值6.23，呈弱酸性至中性。

2.2 水文情况

全旗各河流均属嫩江水系右岸支流，流经面积100平方千米以上较大河流有20条。全旗境内自北向南贯穿阿伦河、格尼河、音河三大河流。阿伦河发源于阿荣旗境内北部山区；格尼河位于阿荣旗东部，发源于阿荣旗北部山区；音河位于阿荣旗西部，发源于阿荣旗西部山区。全旗各河流比降较大，水能资源比较丰富。地表水年均径流量17.720亿立方米。地下水补给河水，而河水基流量则为地下水的补给量，补给模数2.9万立方米/（年·平方千米），基流量3 500亿立方米/年。

2.3 气候情况

阿荣旗处于高纬度地区，属中温带大陆性半湿润气候区，无霜期90～130天，年平均气温1.7℃、最高气温38.5℃、最低温度-39.8℃，日照时数1 550～1 650小时，太阳辐射总量533.61千焦/平方厘米，光合有效辐射261.45千焦/平方厘米。年降水量400～458.4毫米，降水集中于6—8月，水蒸发量1 455.3毫米，年有效积温2 895.6℃。

2.4 人文历史情况

阿荣旗大事记记载，公元1689年布特哈总管衙门设立后鹅大面积养殖。经过时间推移，20世纪70年代形成规模性养殖，引进"太湖鹅"等优良品种。到20世纪80年代白鹅存栏达到41万羽。阿荣旗大力发展白鹅产业，全力打造"东北鹅都"。阿荣旗独特的地理环境，优质的土壤与水质为阿荣旗白鹅产业发展奠定了坚实基础。阿荣旗有天然牧场234.7万亩，每年产优质牧草4.67亿千克，为白鹅产业提供了有力保障。阿荣旗大鹅产业按照高起点高标准的要求建设基地，旗委、旗政府高度重视，把白鹅产业列入阿荣旗"十大富民"产业之一，采取积极有效的措施，鼓励农民养殖白鹅，截至目前已饲养500万羽。

3 特定生产方式

3.1 白鹅品种

从经济用途看，按市场侧重点将鹅分为羽用型、蛋用型、肉用型。在选择品种时，除应注重鹅的品种用途外，还应注重市场的需求趋势。目前，阿荣旗白鹅均以引入的莱茵鹅为父本和当地白鹅杂交后代为主要品种，属毛肉兼用型，具有极大的发展潜力。

3.2 饲养方式

按照《阿荣旗白鹅饲养管理技术操作规范》执行。

3.3 饲养方法

采用天然草场放养法。

孵化要求：要达到统一孵化、统一防疫的标准，孵化后雏鹅经过技术员集中饲养

15天后,再发放给养殖户,这样大大地提高了白鹅成活率。

放养要求:水质干净无污染、草鲜嫩的地方,放牧鹅群以300~500只为宜。

4 产品品质特性特征和质量安全规定

4.1 品种特征

外貌:阿荣旗白鹅属于鸟纲雁形目鸭科,体型中等偏大,结构紧凑、背平直、翅紧贴、尾上翘、体态匀称。

羽毛:全身羽毛洁白,成年鹅羽毛一年自然换羽一次,换羽次序一般为主翼羽、副翼羽、尾羽、短羽、绒羽依次脱换。

头颈:头大小适中,喙、肉瘤呈黄色,颈细长与头、身躯衔接良好是本地鹅的一大特征。

蹼、蹠:蹠、蹼粗壮厚实,呈橘黄色。

形态:公鹅眼亮有神、昂首挺胸、体格健壮、步履稳健、有较强的自卫能力。母鹅行动敏捷、鸣声响亮、性情温和、群体自律性强,抗环境应激能力强。雏鹅绒毛金黄色、体型较宽、头大颈长、眼圆有神、鸣声清脆、动作活泼、反应灵敏。

4.2 内在品质

粗蛋白质26.76%、粗脂肪12.67%、热量9 256.30千焦/100克、维生素B_1 0.12毫克/100克、维生素B_2 0.25毫克/100克、钙5.62毫克/100克、镁25.21毫克/100克、锌27.9毫克/千克、磷193.06毫克/100克、铁3.81毫克/100克、烟酸2 845.67微克/100克、钾298.2毫克/100克、钠72.9毫克/100克、硒0.022毫克/千克、铜2.73毫克/千克。

4.3 安全要求

在生产过程中严格执行NY/T 472—2022《绿色食品 兽药使用准则》、NY/T 473—2016《绿色食品 畜禽卫生防疫准则》等相关法律法规,产地环境按NY/T 391—2021《绿色食品 产地环境质量》等规定进行生产,储藏执行NY/T 1056—2021《绿色食品 储藏运输准则》等相关规定。

5 标志使用

阿荣旗白鹅农产品地理标志归阿荣旗地域内白鹅养殖者、经营者共同所有。经营者在产品或包装上使用已获登记保护的农产品地理标志,须向登记证书持有人提出申请,并按照相关要求规范生产和使用标志,统一采用"阿荣旗白鹅"和公共标识相结合的标注形式。

农产品地理标志
登记证书

中华人民共和国农业部

经审定，登记申请人申报的农产品符合农产品地理标志登记条件和相关技术标准要求，准予登记并允许在农产品或农产品包装物上使用农产品地理标志公共标识，特颁此证。

核准登记产品全称： 阿荣旗白鹅
登记申请人全称： 阿荣旗农业技术推广中心
产品生产总规模： 年出栏500万羽
质量控制规范编号： AGI2010-09-00467
登记证书编号： AGI00467

阿荣旗白瓜籽质量控制技术规范

编号：AGI2010-09-00468

本质量控制技术规范规定了经中华人民共和国农业部登记的阿荣旗白瓜籽地域范围、自然生态环境和人文历史情况、特定生产方式、产品品质特性特征和质量安全规定、标志使用等相关内容。

1 地域范围

阿荣旗白瓜籽主要产自内蒙古自治区呼伦贝尔市阿荣旗，地域保护范围包括那吉镇、六合镇、亚东镇、霍尔奇镇、向阳峪镇、得力其尔鄂温克族乡、查巴奇鄂温克族乡、音河达斡尔鄂温克族乡、新发朝鲜族乡5个镇、4个民族乡。西部与扎兰屯市隔河相望，东部与扎格敦山岭和莫力达瓦达斡尔族自治旗为邻，北部和鄂伦春自治旗相连，西北部与牙克石市接壤，南以金界壕为界与黑龙江省甘南县毗邻。地理坐标为东经122°02′30″~124°05′40″，北纬47°56′54″~49°19′35″，总面积13 600平方千米，白瓜籽保护规模30万亩，年产量19 500吨。

2 自然生态环境和人文历史情况

2.1 土壤地貌情况

阿荣旗的地质结构属大兴安岭新华夏构造带，东西向褶皱，纬向构造，主要形成于泥盆纪中上统海岸沉积岩、火山岩中。在其地貌的发育过程中，由于中生代燕山期地壳运动产生了新华夏系的断块隆起，断裂规模和深度南北构造活动较为强烈，形成全旗北部中低山地区海拔800~1 149米，南部丘陵地区海拔198~400米。境内分布有黑土、草甸土、沼泽土和暗棕壤4个土壤类型，其中境内土质以暗棕壤和黑土为主，总面积达1 400多万亩，腐殖质厚度40~100厘米，土质疏松肥沃，有机质含量6.29%，pH值6.23，呈弱酸性至中性。

2.2 水文历史情况

全旗各河流均属嫩江水系右岸支流，流经面积100平方千米以上较大河流有20条。全旗境内自北向南贯穿阿伦河、格尼河、音河三大河流。阿伦河发源于阿荣旗境内北部山区；格尼河位于阿荣旗东部，发源于阿荣旗北部山区；音河位于阿荣旗西部，发源于阿荣旗西部山区。全旗各河流比降较大，水能资源比较丰富。地表水年均径流量17.720亿立方米。地下水补给河水，而河水基流量则为地下水的补给量，补给模数2.9万立方米/（年·平方千米），基流量3 500亿立方米/年。

2.3 气候情况

阿荣旗处于高纬度地区，属中温带大陆性半湿润气候区，无霜期90~130天，年平均气温1.7℃、最高气温38.5℃、最低温度-39.8℃，日照时数1 550~1 650小时，太阳辐射总量533.61千焦/平方厘米，光合有效辐射261.45千焦/平方厘米。年降水量400~458.4毫米，降水集中于6—8月，水蒸发量1 455.3毫米，年有效积温2 895.6℃。

2.4 人文历史情况

阿荣旗大事记记载，公元1644年外兴安岭索伦达斡尔人迁徙于嫩江流域，阿伦河地区成为了索伦牧地。后有一些山东人迁入，引白瓜、柞蚕、玉米进行农事生产，有迁入外族人发现一种野果，尝试进行了种植，后称沙果。20世纪初，土著鄂温人开始成规模种植，但面积较少，1978—1985年阿荣旗开始大面积种植，近些年，阿荣旗大力发展白瓜籽产业，阿荣旗音河乡素有"白瓜籽之乡"的美誉，阿荣旗音河乡富吉村白瓜籽交易市场，已成为呼伦贝尔市新农村的又一亮点。

阿荣旗近20年把白瓜籽产业作为产业结构调整的第一作物，面积逐渐增加，全旗白瓜籽种植面积已达到30万亩，旗委、旗政府高度重视，把白瓜籽产业列入阿荣旗"十大富民"产业之一，采取积极有效的措施，鼓励农民种植白瓜籽，2015年后阿荣旗成为了东北地区最大的瓜籽集散地和南瓜产品批发市场。阿荣旗老赚食品有限公司，年生产白瓜籽500多吨，产品已打入全国40多家呼伦贝尔特产店。

3 特定生产方式

3.1 产地选择

阿荣旗白瓜籽产地环境符合NY/T 391—2021《绿色食品 产地环境质量》，灌溉用水符合GB 5084—2021《农田灌溉水质标准》的规定，土质选择酸性或微酸性土壤，符合GB 15618—2018《土壤环境质量 农用地土壤污染风险管控标准（试行）》。阿荣旗白瓜籽生产基地远离交通干道100米以上，基地周围有充足的水源方便白瓜籽地块灌溉，与加工场所的距离不超过50千米，交通方便。白瓜籽生产基地选择在大气、水质、土壤无污染的地区，选择不内涝且排水良好的平地、坡地、漫岗地种植。要求土质疏松、土壤肥力较好的地块，以沙壤土最好，pH值在4.8~7.1，实行合理、科学的轮作。

3.2 品种特性

阿荣旗白瓜籽品种为熟期适宜、优质高产、抗病性强的雁窝鸟雪白,特点是籽粒大、皮薄、饱满、仁厚,含有丰富的脂肪、蛋白质。

3.3 生产过程管理

3.3.1 精选种子:保证种子千粒重在25克以上,种子纯度90%以上,发芽率90%以上。

3.3.2 茬口要求:前茬以玉米、高粱、小麦为好,大豆和马铃薯为中等,尽量避免迎茬。

3.3.3 农业投入品使用:执行投入品定点购买,销售点必须建立销售记录,使用时应在技术人员的指导下进行。

3.3.4 搭架:移栽定植后的白瓜籽应搭架供其攀缘,将其固定在爬蔓架上。

3.3.5 除草、追肥:移栽后及时拔除杂草,根系周围禁止锄草,以防损伤根系。肥料允许使用农家肥、商品有机肥及无机肥、微生物肥等。

3.3.6 灌溉:灌溉用水应符合农田灌溉水质量标准,井水、雨水和无污染的河水应视为卫生、适宜的灌溉用水。

3.4 产品收获及收获后管理

3.4.1 采收与存放:9月中旬,霜前将种植的白瓜收回,按瓜的成熟度分别堆放,挑选未成熟的白瓜做饲料用,以免影响瓜籽的整体质量。

3.4.2 剖瓜取籽:瓜籽在瓜内是垂直于轴着生的,剖瓜时要横切,这样可以避免切断瓜籽,损失的瓜籽也少。

3.4.3 晾晒前准备:用纱网做成1.4米×7米的纱网床,四边卷上小杆或用小木方固定,将网床平架在0.5~0.8米高、光照通风良好的位置,利于瓜籽的晾晒。

3.4.4 瓜籽的晾晒与保管:将取出的瓜籽平摊在纱网床上,以每平方米1.5千克左右为宜,当日翻动数次,要在晴天进行。3天后翻动瓜籽如果有"哗哗"声音即可装入袋中。装袋时不宜装满,每袋装1/3即可。取第二批瓜籽,按同样方法晾晒。

3.5 生产记录要求

认真记录田间生产情况、病虫害发生情况、技术措施、农业投入品使用、农药和化肥的使用情况,以备查阅。

4 产品品质特性特征和质量安全规定

4.1 外在感官特征

阿荣旗白瓜籽是葫芦科蔬菜作物,白色、粒大、皮薄而不硬、有光泽、光滑,籽粒大小在1.5~2.3厘米。

4.2 内在品质

每100克中含粗蛋白质28.3克、粗脂肪51.54克、碳水化合物9.56克、不溶性膳食纤维3.31克、维生素B_3 20.92毫克、钙22.26毫克、钾833.3毫克、镁456.9毫克、钠2.05毫克、锌0.687毫克、硒0.7微克、维生素B_2 0.16毫克。

4.3 安全要求

在生产过程中严格执行《中华人民共和国农产品质量安全法》等相关法律法规，产地环境按NY/T 391—2021《绿色食品　产地环境质量》等规定进行生产，储藏执行NY/T 1056—2021《绿色食品　储藏运输准则》等相关规定。

5 标志使用

阿荣旗白瓜籽农产品地理标志归阿荣旗地域内白瓜籽种植者、经营者共同所有。经营者在产品或包装上使用已获登记保护的农产品地理标志，须向登记证书持有人提出申请，并按照相关要求规范生产和使用标志，统一采用"阿荣旗白瓜籽"和农产品地理标志公共标识相结合的标注形式。

阿荣马铃薯质量控制技术规范

编号：AGI2013-01-1068

本质量控制技术规范规定了经中华人民共和国农业部登记的阿荣马铃薯地域范围、独特自然生态环境、特定生产方式、产品品质特性特征和质量安全规定、标志使用等相关内容。

1 地域范围

阿荣马铃薯主要产自内蒙古自治区呼伦贝尔市阿荣旗，地域保护范围包括复兴镇、那吉镇、六合镇、亚东镇、霍尔奇镇、向阳峪镇、得力其尔鄂温克族乡、查巴奇鄂温克族乡、音河达斡尔鄂温克族乡、新发朝鲜族乡6个镇、4个民族乡。西部与扎兰屯市隔河相望，东部与扎格敦山岭和莫力达瓦达斡尔族自治旗为邻，北部和鄂伦春自治旗相连，西北部与牙克石市接壤，南以金界壕为界与黑龙江省甘南县毗邻。地理坐标为东经122°02′30″~124°05′40″，北纬47°56′54″~49°19′35″，总面积13 600平方千米，马铃薯保护规模45万亩，年产量70万吨左右。

2 独特自然生态环境

2.1 土壤情况

阿荣旗境内分布有黑土、草甸土、沼泽土和暗棕壤4个土壤类型，其中境内土质以暗棕壤和黑土为主，耕地总面积达471.6万亩，腐殖质厚度40~100厘米，土质疏松肥沃，有机质含量6.29%，pH值6.23，呈弱酸性至中性。

2.2 水文情况

全旗各河流均属嫩江水系右岸支流，流经面积100平方千米以上较大河流有20条。全旗境内自北向南贯穿阿伦河、格尼河、音河三大河流。阿伦河发源于阿荣旗境内北部山区；格尼河位于阿荣旗东部，发源于阿荣旗北部山区；音河位于阿荣旗西部，发源于阿荣旗西部山区。

2.3 气候情况

阿荣旗处于高纬度地区，属中温带大陆性半湿润气候区，无霜期100～130天，年平均气温1.7℃、最高气温38.5℃、最低温度-39.8℃，日照时数1 550～1 650小时，太阳辐射总量533.61千焦/平方厘米，光合有效辐射261.45千焦/平方厘米。年降水量400～458.4毫米，降水集中于6—8月，水蒸发量1 455.3毫米。年有效积温2 895.6℃。

2.4 人文历史情况

据阿荣旗大事记记载，清雍正十年（1732年），清朝政府开辟从齐齐哈尔市至海拉尔区驿路，设驿站10处，其第三站在音河乡，旧名蒙古勒乌克察旗，又名乌尔楚克，现名旧三站。当时音河乡就以马铃薯为著，过往客商无不称赞。1905年，清朝政府取消封禁政策，允许起票开荒，汉人起票买荒从本年开始进入阿伦河地区，马铃薯兴一方产业。在长期的种植过程中，阿荣马铃薯逐渐成为了当地人民生活中不可或缺的一部分。它不仅是一种食物，更是一种文化符号，代表着阿荣旗地区的农业生产和饮食文化。

3 特定生产方式

3.1 品种选择

作淀粉加工用，应选择中晚熟、高产、高淀粉脱毒种薯，如克新1号、大西洋、内薯7号。作菜薯用，应选择早熟、优质、高产脱毒品种，如早大白、鲁引1号、东农303。

3.2 栽培方式

采用马铃薯大垄栽培技术，此技术是集优良品种、优质脱毒种薯、合理密度、科学施肥、综合防治、田间管理和机械化操作等于一体的综合高产生产技术，可有效增强土壤储水保墒、供肥能力，确保苗全、苗齐、苗壮，减少块茎晚疫病侵染，从而提高产量，保证质量，达到马铃薯生产高产高效、增产增收的目的。

3.3 栽培方法

选择早熟直立型品种，垄距80厘米，亩保苗3 600～4 500株；选择中晚熟繁茂型品种，垄距90厘米，垄上单行株距18～20厘米或双行25厘米，亩保苗3 600～5 800株。

4 产品品质特性特征和质量安全规定

4.1 外在感官特征

马铃薯是茄科茄属一年生草本植物。其块茎可供食用，是重要的粮食、蔬菜兼用作物。块茎圆形、卵圆形或长圆形。薯皮的颜色为白色、黄色、粉红色、红色、紫色和黑色；薯肉的颜色为白色、淡黄色、黄色、黑色、紫色及黑紫色。

4.2 内在品质

每100克含粗蛋白质≥2.40克、淀粉≥15克、干物质≥26克、维生素C≥9毫克。

4.3 安全要求

在生产过程中严格执行《中华人民共和国农产品质量安全法》等相关法律法规，产地环境按NY/T 391—2021《绿色食品　产地环境质量》等规定进行生产，储藏执行NY/T 1056—2021《绿色食品　储藏运输准则》等相关规定。

5 标志使用

阿荣马铃薯农产品地理标志归阿荣旗地域内马铃薯种植者、经营者共同所有。经营者在产品或包装上使用已获登记保护的农产品地理标志，须向登记证书持有人提出申请，并按照相关要求规范生产和使用标志，统一采用"阿荣马铃薯"和农产品地理标志公共标识相结合的标注形式。

阿荣旗柞蚕质量控制技术规范

编号：AGI2010-09-00466

本质量控制技术规范规定了经中华人民共和国农业部登记的阿荣旗柞蚕地域范围、自然生态环境和人文历史情况、特定生产方式、产品品质特性特征和质量安全规定、标志使用等相关内容。

1 地域范围

阿荣旗柞蚕主要产自内蒙古自治区呼伦贝尔市阿荣旗，地域保护范围包括那吉镇、六合镇、亚东镇、霍尔奇镇、向阳峪镇、得力其尔鄂温克族乡、查巴奇鄂温克族乡、音河达斡尔鄂温克族乡、新发朝鲜族乡5个镇、4个民族乡。西部与扎兰屯市隔河相望，东部与扎格敦山岭和莫力达瓦达斡尔族自治旗为邻，北部和鄂伦春自治旗相连，西北部与牙克石市接壤，南以金界壕为界与黑龙江省甘南县毗邻。地理坐标为东经122°02′30″~124°05′40″，北纬47°56′54″~49°19′35″，总面积13 600平方千米，柞蚕保护规模60万亩，年产量6 500吨。

2 自然生态环境和人文历史情况

2.1 土壤情况

阿荣旗境内有黑土、草甸土、沼泽土和暗棕壤4个土壤类型，其中境内土质以暗棕壤和黑土为主，总面积达1 400多万亩，腐殖质厚度40~100厘米，土质疏松肥沃，有机质含量6.29%，pH值6.23，呈弱酸性至中性。

2.2 水文情况

全旗各河流均属嫩江水系右岸支流，流经面积100平方千米以上较大河流有20条。全旗境内自北向南贯穿阿伦河、格尼河、音河三大河流。阿伦河发源于本旗境内北部山区；格尼河位于本旗东部，发源于本旗北部山区；音河位于本旗西部，发源于本旗西部山区。全旗水能资源比较丰富，多年平均径流量17.720亿立方米，地下水补给河水，而河水基流量则为地下水的补给量，补给模数2.9万立方米/（年·平方千米），基流量

3 500亿立方米/年。

2.3 气候情况

阿荣旗处于高纬度地区，属中温带大陆性半湿润气候区，无霜期110~130天，年平均气温1.7℃、最高气温38.5℃、最低气温-39.8℃，日照时数1 550~1 650小时，太阳辐射总量533.61千焦/平方厘米，光合有效辐射261.45千焦/平方厘米。水蒸发量1 455.3毫米。年有效积温2 895.6℃。主导风向为冬季西北风、夏季南风，年平均风速3.4米/秒。气温由南向北逐渐降低，降水由南向北逐渐增多，年降水量400~458.4毫米，降水集中于6—8月，累计量平均在300毫米，占全年总量的60%以上，最高气温出现在7—8月，具有雨热同季、昼夜温差大的特点。

2.4 人文历史情况

阿荣旗大事记记载，1644年迁外兴安岭索伦达斡尔于嫩江流域，阿伦河地区为索伦牧地。一些山东流民迁入，引白瓜、柞蚕、玉米系进行农事生产。1957—1974年阿荣旗开始大规模进行放养柞蚕。近些年，阿荣旗大力发展蚕业，吸引中国蚕学会第六届家蚕和柞蚕遗传育种学术研讨会在海拉尔区召开，阿荣旗现已成为内蒙古自治区最大柞蚕放养基地。阿荣旗柞蚕资源得天独厚，优异柞蚕林60万亩。近年来，旗委、旗政府将柞蚕业作为特色产业来抓，明确发展思路和运行机制，重新制定了《阿荣旗蚕业管理办法》《蚕场承包方案》，同时加快种业基地建设，做到优中选优，精养精放，培育出适合北方地区的"四元"杂交种，保证高产、稳产不退化。

3 特定生产方式

3.1 柞蚕品种

经过长期自然选择和人工选择，逐渐形成遗传性相对稳定、生物学性状相对一致，并具有一定经济价值的柞蚕品种，如珍珠1号、双丰1号等。

3.2 柞蚕场地建设及管理

每把茧需柞树林面积6公顷。采用4年轮伐制。1~2年生芽棵，面积1.0公顷；2~3年生芽棵，面积2公顷；3~4年生芽棵，面积1.5公顷。及时清除场地内的大杂草、杂树，留小草，以减少敌害的发生和水土流失。用1%漂白粉或2%生石灰澄清液喷洒发生病害严重的场地。

3.3 饲养方法

采用二移放养法。

树龄要求：收蚁用一年生嫩枝，1~3龄稚蚕期用1~2年生枝条，4~5龄用2~3年生枝条，窝茧用3~4年生枝条。

食叶要求：稚蚕场食叶2/3；壮蚕场食叶3/4；窝茧场食叶1/3；不许把树叶食光。选出迟眠蚕食偏嫩叶，使蚕发育一致。

4 产品品质特性特征和质量安全规定

4.1 品种特征

阿荣旗柞蚕属于鳞翅目大蚕蛾科柞蚕属，古称野蚕、槲蚕。卵色发白，蚁蚕体为红色，壮蚕体主色淡绿色，侧色淡黄色，蛹为淡褐色。蚕体长4.5~6.5厘米，直径3.5~4.5厘米，新鲜成熟蛹体体态饱满，手感挺实，不松软。

4.2 内在品质

阿荣旗柞蚕中含蛋白质15.87%、粗脂肪8.02%、灰分1.21%、水分71.84%，其中人体必需的17种氨基酸含量为13.59%，另外每100克含钙8.11毫克、镁19.09毫克，每千克含锌1.85毫克。

4.3 安全要求

在生产过程中严格执行《中华人民共和国农产品质量安全法》《蚕种管理办法》等相关法律法规，产地环境按NY/T 391—2021《绿色食品 产地环境质量》等规定进行生产，储藏执行NY/T 1056—2021《绿色食品 储藏运输准则》等相关规定。

5 标志使用相关规定

阿荣旗柞蚕农产品地理标志归阿荣旗地域内柞蚕养殖者、经营者共同所有。经营者在产品或包装上使用已获登记保护的农产品地理标志，须向登记证书持有人提出申请，并按照相关要求规范生产和使用标志，统一采用"阿荣旗柞蚕"和农产品地理标志公共标识相结合的标注形式。

农产品地理标志
登记证书

中华人民共和国农业部

经审定，登记申请人申报的农产品符合农产品地理标志登记条件和相关技术标准要求，准予登记并允许在农产品或农产品包装物上使用农产品地理标志公共标识，特颁此证。

核准登记产品全称： 阿荣旗柞蚕
登记申请人全称： 阿荣旗农业技术推广中心
产品生产总规模： 40000公顷，6500吨/年
质量控制规范编号： AGI2010-09-00466
登记证书编号： AGI00466

二〇一〇年十二月二十四日

阿荣玉米质量控制技术规范

编号：AGI2013-01-1065

本质量控制技术规范规定了经中华人民共和国农业部登记的阿荣玉米地域范围、独特自然生态环境、特定生产方式、产品品质特性特征和质量安全规定、标志使用等相关内容。

1 地域范围

阿荣玉米主要产自内蒙古自治区呼伦贝尔市阿荣旗，地域保护范围包括向阳峪镇、那吉镇、六合镇、亚东镇、霍尔奇镇、三岔河镇、复兴镇、得力其尔鄂温克族乡、查巴奇鄂温克族乡、音河达斡尔鄂温克族乡、新发朝鲜族乡共7个镇、4个民族乡。西部与扎兰屯市隔河相望，东部与扎格敦山岭和莫力达瓦达斡尔族自治旗为邻，北部和鄂伦春自治旗相连，西北部与牙克石市接壤，南以金界壕为界与黑龙江省甘南县毗邻。地理坐标为东经122°02′30″~124°05′40″，北纬47°56′54″~49°19′35″，总面积13 600平方千米，玉米保护规模210万亩，年产量110万吨。

2 独特自然生态环境

2.1 土壤情况

阿荣旗境内分布有黑土、暗棕壤、草甸土和沼泽土4个土壤类型，其中境内土质以暗棕壤和黑土为主，总面积达317多万亩，腐殖质厚度40~100厘米，土质疏松肥沃，有机质含量5.2%，pH值6.23，呈弱酸性至中性。

2.2 水文情况

阿荣旗各河流均属嫩江水系右岸支流，流经面积在100平方千米以上较大河流有20条。全旗境内自北向南贯穿阿伦河、格尼河、音河三大河流。阿伦河发源于阿荣旗境内北部山区；格尼河位于阿荣旗东部，发源于阿荣旗北部山区；音河位于阿荣旗西部，发源于阿荣旗西部山区。

2.3 气候情况

阿荣旗处于高纬度地区，属中温带大陆性半湿润气候区，无霜期100~130天，年平均气温1.7℃、最高气温38.5℃、最低气温-39.8℃，日照时数1 550~1 650小时，年有效积温2 895.6℃，年降水量400~458.4毫米，降水集中于6—8月，水蒸发量1 455.3毫米。

3 特定生产方式

3.1 品种选择

选择九玉525、翔玉799、中农大623、迎丰7号、东农281等品种。

3.2 栽培方式

采用玉米地膜覆盖栽培技术，用塑料薄膜封盖适播农田，营造不同于露地栽培的农田土壤环境，增温保墒，蓄水防旱，保持土壤疏松，减少养分流失和挥发，在一定程度上起到抑制杂草生长、促进作物根系发育等作用。

3.3 栽培方法

玉米覆膜栽培根据品种特性和土壤肥力、施肥水平确定播种密度，一般亩保苗3 500~4 000株。结合播种，窄行中间深施或苗带侧深施种肥，切忌化肥与种子接触，以免影响种子发芽出苗。

4 产品品质特性特征和质量安全规定

4.1 感官特征

植株高大，茎强壮，挺直。叶窄而长，边缘波状，于茎的两侧互生，顶端为雄穗，中部为雌穗，穗长20~30厘米。

4.2 内在品质

每100克干籽粒中蛋白质≥8克、脂肪≤4.5克、碳水化合物≥60克、淀粉≥65克、钾≥300毫克、磷≥0.20克、钙≥5毫克、维生素E≥8毫克、核黄素≥0.11毫克。

4.3 安全要求

在生产过程中严格执行《中华人民共和国农产品质量安全法》等相关法律法规，

产地环境按NY/T 391—2021《绿色食品　产地环境质量》等标准进行生产，储藏执行NY/T 1056—2021《绿色食品　储藏运输准则》等相关规定。

5　标志使用

阿荣玉米农产品地理标志归阿荣旗地域内玉米种植者、经营者共同所有。经营者在产品或包装上使用已获登记保护的农产品地理标志，须向登记证书持有人提出申请，并按照相关要求规范生产和使用标志，统一采用"阿荣玉米"和农产品地理标志公共标识相结合的标注形式。

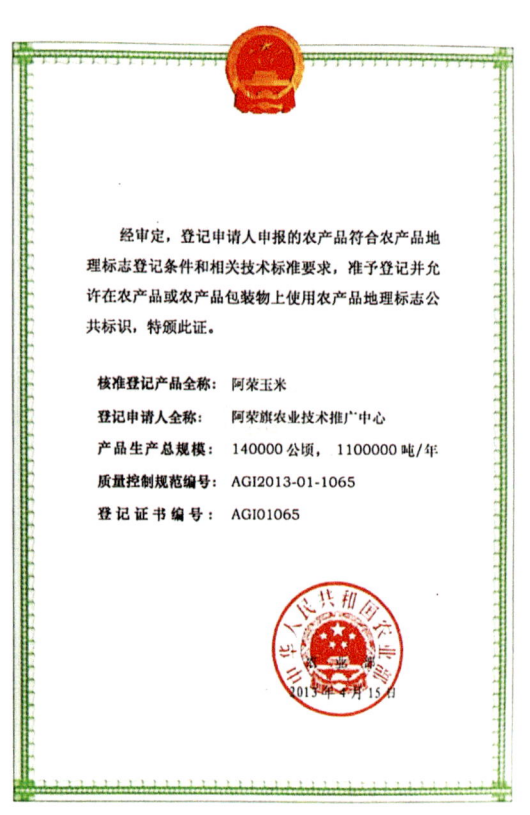

莫力达瓦大豆质量控制技术规范

编号：AGI2010-02-00233

本质量控制技术规范规定了经中华人民共和国农业部登记的莫力达瓦大豆的地域范围、自然生态环境和人文历史情况、生产技术要求、产品品质特性特征和质量安全规定、标志使用等相关内容。

1 地域范围

莫力达瓦达斡尔族自治旗位于大兴安岭东南麓，地质学观点属新华夏系第三隆起带，自东向西可划分三个二级构造单元。全旗地势西北高，东南低，多为大兴安岭支脉形成的低山区，北部山岳地带占全旗总面积的74%，中部丘陵地带占全旗总面积的20%，南部为松嫩平原的北部边缘，占全旗总面积的6%，海拔为173～638米。全境南北长203.2千米，东西宽125千米，西北以扎格热山为界同阿荣旗为邻；西南以诺敏河同黑龙江省甘南县交界；东南以嫩江为界同黑龙江省讷河县毗邻；东北以嫩江为界同黑龙江省嫩江县相望；北部与鄂伦春自治旗相邻。莫力达瓦大豆农产品地理标志地域保护范围包括尼尔基镇、汉古尔河镇、登特科镇、宝山镇、杜拉尔鄂温克民族乡、阿尔拉镇、库如奇乡、西瓦尔图镇、塔温敖宝镇、腾克镇、哈达阳镇、额尔和乡、巴彦鄂温克民族乡、红彦镇、奎勒河镇15个乡（镇）及所属220个行政村，保护范围位于东经123°33′～125°16′，北纬48°05′～49°51′。总生产面积400万亩，年产量56万吨。

2 自然生态环境和人文历史情况

2.1 土壤地貌情况

莫力达瓦达斡尔族自治旗土壤大体分为暗棕土、黑土、草甸土、沼泽地等，以暗棕土、黑土居多，土壤肥力养分含量较高，有机质含量为4.15%～10.09%，莫力达瓦达斡尔族自治旗所处的莫力达瓦隆起东侧是嫩江断裂，西侧是大杨树断陷，全旗地势西北高，东南低，多为大兴安岭支脉形成的低山区，主要有山地、丘陵、平原等地形单元，坡度一般在13°～30°，最大坡度35°。土壤肥沃适合优质大豆生长。

2.2 水文情况

莫力达瓦达斡尔族自治旗境内地表水资源丰富，有56条河流横贯全境。其中流域面积大于500平方千米的河流有2条，即嫩江、诺敏河，大小湖泡9个，地表水年径流量为147亿立方米，地下水资源总量15.9亿立方米，莫力达瓦达斡尔族自治旗年总降水量约48亿立方米，主要集中于7—8月，水量充沛，流向有利，且没有工业污染，水质清澈、纯净，是理想的农业用水，水资源保持良好，可保证莫力达瓦达斡尔族自治旗的农业生产灌溉用水。

2.3 气候情况

莫力达瓦大豆种植地域所处的自然环境属于寒温带半湿润大陆性气候区，由于地处大兴安岭森林边缘的低山丘陵地带，受到地形、地势、植被及纬度的影响，形成了温度由西北向南递增，降水由西北向南递减，山地风速小于平原，风向呈河谷走向等特征。全旗年平均气温3.1℃，最高气温39.5℃，最低气温-47.3℃，年降水量为450～520毫米，年蒸发量为1 050～1 500毫米，年日照时数为2 500～2 800小时，≥10℃有效积温为1 780～2 490℃，个别年份达3 030.7℃，而低温年西北部只有1 544℃；秋霜在9月上中旬出现，枯霜在9月中下旬出现，春霜在5月上中旬结束，无霜期为100～145天，年平均风速3.1米/秒。全旗盛行偏北或西北风，独特的气候生态环境决定了莫力达瓦大豆独特的品质。

2.4 人文历史情况

莫力达瓦达斡尔族自治旗是我国大豆种植历史悠久的地区，素有"大豆之乡"的美誉。据《辽史丛考》《达斡尔族社会历史调查》等文献记载，达斡尔族是在我国最北方从事农业的民族，有着悠久深厚的农耕历史。早在17世纪中叶，达斡尔族居住黑龙江省中上游以北地区时，就已形成了一定规模的农业，迁居黑龙江省以南嫩江流域以后，在农作物的生产、农产品加工以及农业的节气、测农事、禳灾、祭祀等方面取得了更大的发展。在19世纪中叶以后就逐渐开始大面积种植大豆，已有百余年的种植历史，时至今日大豆种植规模在400万亩左右。莫力达瓦达斡尔族自治旗依托地理位置，以莫力达瓦大豆品质上乘为优势，使产品具备强劲的市场竞争力。由于莫力达瓦达斡尔族自治旗工业基础薄弱，现代工业的发展也极为有限，由工业造成的农田污染非常少，故大豆种植区域是生产绿色食品的最佳选择地域。从1999年开始，有多家加工莫力达瓦大豆的企业被认定为绿色食品生产企业，同时取得多届绿博会、农交会奖项。莫力达瓦大豆产业化生产已具备很好的基础，产业化发展前景广阔。

3 生产技术要求

3.1 产地选择与特殊内容规定

莫力达瓦大豆产地选择在莫力达瓦达斡尔族自治旗境内是因为该区域内土壤、日照、气候等条件独特，非常适合优质大豆生产，有利于莫力达瓦大豆独特品质的形成。

3.2 品种选择与特定要求

莫力达瓦大豆品种以疆莫豆1号、蒙豆30等高油、高蛋白质品种为主，以标准化生产保持其独特优良品质。

3.3 生产过程管理

莫力达瓦大豆生产者执行《莫旗A级绿色食品大豆生产技术操作规程》，对生产中使用的农药、肥料进行严格质量规范，杜绝有毒有害投入品及物品的使用，确保优质大豆生产安全，同时在生产中及时进行质量检查，对农户的农业投入品使用进行规范。结合农产品地理标志登记保护工作，对全旗优质大豆生产基地的环境、生产、管理等各项工作予以制度化，并严格执行。

3.4 产品收获及产后处理的规定

收获时期有10%叶片尚未脱落，豆粒归圆时进行。做到单收割、单拉运、单堆放、单脱粒并分级、分品种进行储藏、加工、销售，对销售的优质大豆进行备案。

3.5 生产记录要求

莫力达瓦大豆生产的全过程要进行记录，对生产情况、病虫害发生情况、技术措施、农药和化肥的使用情况进行全面记载并妥善保存，以备查询。

4 产品品质特性特征和质量安全规定

4.1 外在感观特征

莫力达瓦大豆属于蝶形花科大豆属，籽粒黄色圆润，籽粒整齐匀称。

4.2 内在品质指标

莫力达瓦大豆营养丰富，品质优，非转基因。脂肪含量在21%以上，蛋白质含量在33%以上，大豆苷含量在165毫克/千克以上，氨基酸总量大于31%，并富含大豆异黄酮等物质。

4.3 安全要求

莫力达瓦大豆严格执行NY/T 391—2021《绿色食品 产地环境质量》标准。产品质量标准按照NY/T 285—2021《绿色食品 豆类》规定执行。

4.3.1 磷化物、氰化物、氯化苦、二硫化碳按NY/T 285—2021《绿色食品 豆类》规定执行。

4.3.2 黄曲霉毒素B_1按NY/T 285—2021《绿色食品 豆类》规定执行。

4.3.3 汞按NY/T 285—2021《绿色食品 豆类》规定执行。

4.3.4 砷按NY/T 285—2021《绿色食品 豆类》规定执行。

4.3.5 粗蛋白质按NY/T 285—2021《绿色食品 豆类》规定执行。

5 标志使用等相关规定

5.1 分级

产品分一等大豆、二等大豆、三等大豆3个等级。

5.2 包装

包装材料应符合国家食品包装卫生要求，还应符合环境保护的要求。所有包装材料均应清洁、卫生、干燥、无毒、无异味，符合食品卫生要求，所有包装应牢固，不泄漏。

5.3 标志使用

标志使用人应在其产品或者包装上统一使用农产品地理标志（莫力达瓦大豆名称和公共标识图案组合标注形式等）。

5.4 储存

成品不得露天堆放。成品仓库必须清洁、干燥、通风，无鼠虫害。成品不得与有毒有害、腐败变质、有不良气味的物品同时存放。储藏、运输执行NY/T 1056—2021《绿色食品 储藏运输准则》。

5.5 堆放、装卸

莫力达瓦大豆在堆放和装卸时要文明操作，运输工具要求清洁卫生。运输过程中严禁雨淋。保证批次分明，堆码整齐，环境清洁。

农产品地理标志
登记证书

中华人民共和国农业部

经审定，登记申请人申报的农产品符合农产品地理标志登记条件和相关技术标准要求，准予登记并允许在农产品或农产品包装物上使用农产品地理标志公共标识，特颁此证。

核准登记产品全称： 莫力达瓦大豆
登记申请人全称： 莫力达瓦达斡尔族自治旗绿色食品产业协会
产品生产总规模： 26.67万公顷，56万吨/年
质量控制规范编号： AGI2010-02-00233
登记证书编号： AGI00233

二〇一〇年四月二日

莫力达瓦菇娘质量控制技术规范

编号：AGI2010-02-00234

本质量控制技术规范规定了经中华人民共和国农业部登记的莫力达瓦菇娘地域范围、自然生态环境和人历史情况、生产技术要求、产品品质特性特征和质量安全规定、标志使用等相关内容。

1 地域范围

莫力达瓦达斡尔族自治旗位于大兴安岭东南麓，地质学观点属新华夏系第三隆起带，自东向西可划分三个二级构造单元。全旗地势西北高，东南低，多为大兴安岭支脉形成的低山区，北部山岳地带占全旗总面积的74%，中部丘陵地带占全旗总面积的20%，南部为松嫩平原的北部边缘，占全旗总面积的6%，海拔在173~638米。自治旗全境南北长203.2千米，东西宽125千米，西北以扎格热山为界同阿荣旗为邻；西南以诺敏河同黑龙江省甘南县交界；东南以嫩江为界同黑龙江省讷河县毗邻；东北以嫩江为界同黑龙江省嫩江县相望；北部与鄂伦春自治旗相邻。莫力达瓦菇娘农产品地理标志地域保护范围包括尼尔基镇、汉古尔河镇、登特科镇、宝山镇、杜拉尔鄂温克民族乡、阿尔拉镇、库如奇乡、西瓦尔图镇、塔温敖宝镇、腾克镇、哈达阳镇、额尔和乡、巴彦鄂温克民族乡、红彦镇、奎勒河镇15个乡（镇）及所属220个行政村，保护范围位于东经123°33′~125°16′，北纬48°05′~49°51′。总生产面积5.8万亩，年产量8万吨。

2 自然生态环境和人文历史情况

2.1 土壤地貌情况

莫力达瓦达斡尔族自治旗土壤大体分为暗棕土、黑土、草甸土、沼泽地等，以暗棕土、黑土居多，土壤肥力养分含量较高，有机质含量为4.15%~10.09%，莫力达瓦达斡尔族自治旗东侧是嫩江断裂，西侧是大杨树断陷，全旗地势西北高，东南低，多为大兴安岭支脉形成的低山区，主要有山地、丘陵、平原等地形单元，坡度一般为13°~30°，最大坡度35°。土壤地貌情况非常适合菇娘生长。

2.2 水文情况

莫力达瓦达斡尔族自治旗境内地表水资源丰富，有56条河流横贯全境。其中流域面积大于500平方千米的河流有2条，即嫩江、诺敏河，大小湖泡9个，地表水年径流量为147亿立方米，地下水资源总量15.9亿立方米，莫力达瓦达斡尔族自治旗年总降水量约48亿立方米，主要集中于7—8月，水量充沛，流向有利，且没有工业污染，水质清澈、纯净，是理想的农业用水，水资源保持良好，可保证莫力达瓦达斡尔族自治旗的农业生产灌溉用水。

2.3 气候情况

莫力达瓦菇娘种植基地所处的自然环境属于寒温带半湿润大陆性气候区，由于地处大兴安岭森林边缘的低山丘陵地带，受到地形、地势、植被及纬度的影响，形成了温度由西北向南递增，降水由西北向南递减，山地风速小于平原，风向呈河谷走向等特征。全旗年平均气温3.1℃，最高气温39.5℃，最低气温-47.3℃，年降水量为450～520毫米，年蒸发量为1 050～1 500毫米，年日照时数为2 500～2 800小时，≥10℃有效积温为1 780～2 490℃，个别年份达3 030.7℃，而低温年西北部只有1 544℃。秋霜在9月上中旬出现，枯霜在9月中下旬出现，春霜在5月上中旬结束，最低气温≥0℃的无霜期为100～145天，年平均风速3.1米/秒。全旗盛行偏北或西北风，气候生态最适宜菇娘生产。

2.4 人文历史情况

菇娘学名毛酸浆，又名洋菇娘、金钏果、龙果等，以果实供食用，首载于《神农本草经》，列为干品，在《本草纲目》中记载为锦灯笼，具有性温进补、抗衰驻颜、清热解毒、化痰平喘、祛湿利尿的功能，已被《中华人民共和国药典》1990年版一部收录。菇娘原产于中国，南北均有野生资源分布，东北地区有零星分布，尤以莫力达瓦达斡尔族自治旗最为集中。莫力达瓦达斡尔族自治旗栽植菇娘有着悠久的历史，从20世纪80年代开始规模化发展，为了把这一产业做大做强，旗委、旗政府制定了明确的发展目标，把发展菇娘产业作为农民增收的主要产业之一，全旗每年定期召开生产技术交流现场会，加快新技术推广，加强种植户的培训，注重保护独特品质，使莫力达瓦菇娘成为当地的名优特产。莫力达瓦菇娘于2004年获得国家商标总局注册的商标，并于2004年获得内蒙古自治区农牧厅颁发的《无公害产品产地认定证书》，于2008年获得《无公害农产品认证证书》；2006年在呼伦贝尔（扎兰屯）绿色食品节上获得"优秀产品奖"，2007年在中国（齐齐哈尔）第七届绿色食品博览会上获得"畅销产品奖"，2009年荣获内蒙古（扎兰屯）第二届绿色食品交易会优秀产品奖。

3 生产技术要求

3.1 产地选择

建立菇娘种植基地，应选择生态环境优良，水源充足，肥力中等，土壤质地结构好，易于排水，避风向阳，土层深厚的沙壤土地块较好。土壤的pH值6.5～7.5较为适宜，没有除草剂残留药害。灌溉用水符合GB 5084—2021《农田灌溉水质标准》的规定，环境空气质量应符合GB 3095—2012《环境空气质量标准》所规定的二级标准。

3.2 生产过程管理

莫力达瓦菇娘施肥以有机肥为主，化肥为辅，化肥必须与有机肥配合使用。生产过程严格按照《莫力达瓦菇娘栽培技术规程》操作。生产过程中，农药和化肥的使用必须符合全国农产品关于农药使用及肥料使用的有关规定。

3.3 产品收获及处理

当果实变黄并稍发软时才达到采收的标准，为了便于运输，一般提前2～3天采收，盛果期5～6天采收一次。

3.4 生产记录要求

莫力达瓦菇娘生产全过程要进行记录，对生产情况、病虫害发生情况、技术措施、农药和化肥的使用情况进行全面记载并妥善保存，以备查询。

4 产品品质特性特征和质量安全规定

4.1 外在感观特征

莫力达瓦菇娘属茄科，果实黄色圆润，果粒整齐匀称，果实香味浓郁，入口酸甜鲜美。

4.2 内存品质指标

莫力达瓦菇娘有着所有同类产品中的优良品质，并有独特的风味，果实中富含蛋白质、脂肪、碳水化合物、多种维生素、酸浆醇、多种氨基酸等，均为人体不可缺少的营养成分。经检测，每100克果实含赖氨酸30毫克、锌2.10毫克，富含多种维生素，每100克果实的维生素C含量高达379.0毫克。含有多种不饱和脂肪酸和有机酸，其中每100克果实含亚油酸36毫克、柠檬酸392.4毫克。

4.3 安全要求

莫力达瓦菇娘严格执行国家食品安全标准。

4.3.1 磷化物按GB/T 25222—2010《粮油检验 粮食中磷化物残留量的测定 分光光度法》有关规定执行。

4.3.2 多菌灵按照NY/T 1680—2009《蔬菜水果中多菌灵等4种苯并咪唑类农药残留量的测定 高效液相色谱法》有关规定执行。

4.3.3 铅按NY 861—2004《粮食（含谷物、豆类、薯类）及制品中铅、镉、铬、汞、硒、砷、铜、锌等八种元素限量》有关规定执行。

4.3.4 镉按NY 861—2004《粮食（含谷物、豆类、薯类）及制品中铅、镉、铬、汞、硒、砷、铜、锌等八种元素限量》有关规定执行。

5 标志使用等相关规定

5.1 分级

产品分一等菇娘、二等菇娘、等外菇娘3个等级。

5.2 包装

包装材料应符合国家食品包装卫生要求，还应符合环境保护的要求。销售包装应符合GB/T 17109—2008《粮食销售包装》的有关规定，所有包装材料均应清洁、卫生、干燥、无毒、无异味，符合食品卫生要求，所有包装应牢固，不泄漏。

5.3 标志使用

标志使用人应在其产品或者包装上统一使用农产品地理标志（莫力达瓦菇娘名称和公共标识图案组合标注形式等）。

5.4 储藏

成品不得露天堆放。成品仓库必须清洁、干燥、通风，无鼠虫害。成品堆放必须有垫板，离地10厘米以上，成品不得与有毒有害、腐败变质、有不良气味的物品同时存放。运输、储藏过程符合《中华人民共和国食品安全法》的规定。

5.5 堆放、装卸

在堆放和装卸时要规范操作，运输工具要求清洁卫生。不得与有毒、有害物品混装、混运。运输过程中严禁烈日暴晒、雨淋，注意防冻、防热。保证批次分明，堆码整齐，环境清洁。

农产品地理标志
登记证书

中华人民共和国农业部

经审定，登记申请人申报的农产品符合农产品地理标志登记条件和相关技术标准要求，准予登记并允许在农产品或农产品包装物上使用农产品地理标志公共标识，特颁此证。

核准登记产品全称： 莫力达瓦菇娘
登记申请人全称： 莫力达瓦达斡尔族自治旗绿色食品产业协会
产品生产总规模： 3867公顷，8万吨/年
质量控制规范编号： AGI2010-02-00234
登记证书编号： AGI00234

二〇一〇年四月二日

莫力达瓦黄烟质量控制技术规范

编号：AGI2011-02-00595

本质量控制技术规范规定了经中华人民共和国农业部登记的莫力达瓦黄烟地域范围、独特自然生态环境、特定生产方式、产品品质特性特征和质量安全规定、标志使用等相关内容。

1 地域范围

莫力达瓦达斡尔族自治旗位于大兴安岭东南麓，地质学观点属新华夏系第三隆起带，自东向西可划分三个二级构造单元。全旗地势西北高，东南低，多为大兴安岭支脉形成的低山区，北部山岳地带占全旗总面积的74%，中部丘陵地带占全旗总面积的20%，南部为松嫩平原，北部边缘，占全旗总面积的6%，海拔在173~638米。自治旗全境南北长203.2千米，东西宽125千米，西北以扎格热山为界同阿荣旗为邻；西南以诺敏河同黑龙江省甘南县交界；东南以嫩江为界同黑龙江省讷河县毗邻，东北以嫩江为界同黑龙江省嫩江县相望；北部与鄂伦春旗自治相邻。莫力达瓦黄烟农产品地理标志地域保护范围包括尼尔基镇、汉古尔河镇、登特科镇、宝山镇、杜拉尔鄂温克民族乡、阿尔拉镇、库如奇乡、西瓦尔图镇、塔温敖宝镇、腾克镇、哈达阳镇、额尔和乡、巴彦鄂温克民族乡、红彦镇、奎勒河镇15个乡（镇）及所属220个行政村，保护范围位于东经123°33′~125°16′，北纬48°05′~49°55′。总生产面积20 000亩，年产量1 500吨。

2 独特自然生态环境

2.1 土壤地貌情况

莫力达瓦达斡尔族自治旗土壤大体分为暗棕土、黑土、草甸土、沼泽地等，以暗棕土、黑土居多，土壤肥力养分含量较高，有机质含量为4.15%~10.09%，莫力达瓦达斡尔族自治旗所处的莫力达瓦隆起东侧是嫩江断裂，西侧是大杨树断陷，全旗地势西北高，东南低，多为大兴安岭支脉形成的低山区，主要有山地、丘陵、平原等地形单元，坡度一般在13°~30°，最大坡度35°。土壤地貌情况非常适合黄烟生长。

2.2 水文情况

莫力达瓦达斡尔族自治旗境内地表水资源丰富，有56条河流横贯全境。其中流域面积大于500平方千米的河流有2条，即嫩江、诺敏河，大小湖泡9个，地表水年径流量为147亿立方米，地下水资源总量15.9亿立方米，莫力达瓦达斡尔族自治旗年总降水量约48亿立方米，主要集中于7—8月，水量充沛，流向有利，且没有工业污染，水质清澈、纯净，是理想的农业用水，水资源保持良好，可保证莫力达瓦达斡尔族自治旗的农业生产灌溉用水。

2.3 气候情况

莫力达瓦黄烟种植基地所处的自然环境属于寒温带半湿润大陆性气候区，由于地处大兴安岭森林边缘的低山丘陵地带，受到地形、地势、植被及纬度的影响，形成了温度由西北向南递增，降水由西北向南递减，山地风速小于平原，风向呈河谷走向等特征。全旗年平均气温3.1℃，最高气温39.5℃，最低气温-47.3℃，年降水量为450～520毫米，年蒸发量为1 050～1 500毫米，年日照时数为2 500～2 800小时，≥10℃有效积温为1 780～2 490℃，个别年份达3 030.7℃，而低温年西北部只有1 544℃。秋霜在9月上中旬出现，枯霜在9月中下旬出现，春霜在5月上中旬结束，最低气温≥0℃的无霜期为100～145天，年平均风速3.1米/秒。全旗盛行偏北或西北风，气候生态适宜黄烟的生产。

2.4 人文历史情况

莫力达瓦黄烟的种植历史可追溯至清同治年间，当时由达斡尔族人栽培的黄烟就在东北各地享有"琥珀香烟"之誉，并成功打入市场，成为当地重要的经济作物之一。莫旗黄烟深受欢迎，尤其是在黑龙江省、吉林省、辽宁省特别畅销，创造了良好的经济效益。为了促进黄烟产业发展，把分散的农户有机结合起来，变成利益共享、风险共担的共同体，种植户在民政部门注册了莫力达瓦达斡尔族自治旗"巴特罕"黄烟协会。并在2008年为黄烟注册了"巴特罕"牌商标，使达斡尔人种植的黄烟有了户口。2009年全旗种植面积3 500亩，年产量可达25万千克，生产的达斡尔族"巴特罕"黄烟远销哈尔滨市、沈阳市、长春市和呼和浩特市等地，备受消费者青睐。

3 特定生产方式

3.1 产地要求

建立种植烟草的苗床基地，应在庭院内背风向阳的空地上。烟田应选择大豆或玉米为前茬，土壤质地结构好，易于排水，避风向阳，土层深厚的地块较好。土壤的pH

值6.5～7.5较为适宜，必须没有除草剂残留药害。

3.2 品种范围

大芭琥珀香、小芭琥珀香、十八塔、大黑叶。

3.3 生产过程控制

莫力达瓦黄烟以有机肥为主，化肥为辅，化肥必须与有机肥配合使用。生产过程严格按照《莫力达瓦黄烟生产及加工技术》操作。生产过程中，农药和化肥的使用必须符合全国农产品关于农药使用及肥料使用的有关规定。

3.4 产品收获及储存

当烟叶由绿色变为黄绿色，叶面茸毛脱落，主脉变白发亮，叶柄发脆时开始采收，通常要分5～7次，每次采收间隔4～7天，采收结束后在烟叶软而不发脆时穿烟晾晒，然后进行烟叶调制。

3.5 生产记录要求

莫力达瓦黄烟生产的全过程要进行记录，对生产情况、病虫害发生情况、技术措施、农药和化肥的使用情况及加工调制过程进行全面记载并妥善保存，以备查询。

4 产品品质特性特征和质量安全规定

4.1 外在感观特征

莫力达瓦黄烟属于茄科烟草属，成品黄烟颜色金黄或正黄，烟叶齐整。吸食时略有甜味，使人感到醇和舒适，气味芳香。

4.2 内在品质指标

莫力达瓦黄烟的品质特性主要由烟叶中所含的化学成分所决定。烟叶的化学成分可分为有机物和无机物两大类，无机物主要是氯、硫、镁、钾、钙；有机物中含有蛋白质、氨基酸、烟碱、叶绿素、芳香油、树脂及苹果酸、柠檬酸等有机酸，含葡萄糖、果糖、蔗糖、麦芽糖、淀粉、纤维素等糖类。

4.3 安全要求

莫力达瓦黄烟严格执行国家食品安全标准。

4.3.1 烟草产地环境按NY/T 852—2004《烟草产地环境技术条件》有关规定执行。

4.3.2 品种一致性按照NY/T 2746—2015《植物新品种特异性、一致性和稳定性测试指南　烟草》有关规定执行。

4.3.3 除草剂防治按NY/T 1464.25—2007《农药田间药效试验准则　第25部分：除草剂防治烟草苗床杂草》有关规定执行。

4.4　包装

包装材料应符合国家食品包装卫生要求，还应符合环境保护的要求。销售包装按GB/T 17109—2008《粮食销售包装》执行，所有包装材料均应清洁、卫生、干燥、无毒、无异味，符合食品卫生要求，所有包装应牢固，不泄漏。

4.5　储藏

成品不得露天堆放。成品仓库必须清洁、干燥、通风，无鼠虫害。成品不得与有毒有害、腐败变质、有不良气味的物品同时存放。运输、储藏过程符合《中华人民共和国食品安全法》的规定。

4.6　堆放、装卸

莫力达瓦黄烟在堆放和装卸时要文明操作，运输工具要求清洁卫生。不得与有毒、有害物品混装、混运。凡装过化肥、农药等有害化学物品车厢舱位必须充分清扫、冲洗后方可装运。运输过程中严禁雨淋。保证批次分明，堆码整齐，环境清洁。

5　标志使用

5.1　标志使用人条件

符合下列条件的单位和个人，可以向登记证书持有人申请使用农产品地理标志。

5.1.1　生产经营的农产品产自登记确定的地域范围。

5.1.2　已取得登记农产品相关的生产经营资质。

5.1.3　能够严格按照规定的质量技术规范组织开展生产经营活动。

5.1.4　具有地理标志农产品市场开发经营能力。

使用农产品地理标志，应当按照生产经营年度与登记证书持有人签订农产品地理标志使用协议，在协议中载明使用数量、范围及相关的责任义务。

5.2　标志使用人权利

5.2.1　可以在产品及其包装上统一使用农产品地理标志（莫力达瓦黄烟名称和公共标识图案组合标注形式等）。

5.2.2 可以使用登记的农产品地理标志，进行宣传和参加展览、展示及展销。

5.3 标志使用人义务

5.3.1 自觉接受登记证书持有人的监督检查。

5.3.2 保证地理标志农产品的品质和信誉。

5.3.3 正确规范地使用农产品地理标志。

5.3.4 地理标志农产品的生产经营者，应当建立质量控制追溯体系，农产品地理标志持有人和标志使用人，对地理标志农产品的质量和信誉负责。

5.3.5 任何单位和个人不得伪造、冒用农产品地理标志和登记证书。

5.3.6 鼓励单位和个人对农产品地理标志进行社会监督。

莫力达瓦苏子质量控制技术规范

编号：AGI2011-01-00544

本质量控制技术规范规定了经中华人民共和国农业部登记的莫力达瓦苏子地域范围、独特自然生态环境、特定生产方式、产品品质特性特征和质量安全规定、标志使用等相关内容。

1 地域范围

莫力达瓦达斡尔族自治旗位于大兴安岭东南麓，地质学观点属新华夏系第三隆起带，自东向西可划分三个二级构造单元。全旗地势西北高，东南低，多为大兴安岭支脉形成的低山区，北部山岳地带占全旗总面积的74%，中部丘陵地带占全旗总面积的20%，南部为松嫩平原，北部边缘，占全旗总面积的6%，海拔在173~638米。自治旗全境南北长203.2千米，东西宽125千米，西北以扎格热山为界同阿荣旗为邻；西南以诺敏河同黑龙江省甘南县交界；东南以嫩江为界同黑龙江省讷河县毗邻，东北以嫩江为界同黑龙江省嫩江县相望；北部与鄂伦春自治旗相邻。莫力达瓦苏子农产品地理标志地域保护范围包括尼尔基镇、汉古尔河镇、登特科镇、宝山镇、杜拉尔鄂温克民族乡、阿尔拉镇、库如奇乡、西瓦尔图镇、腾克镇、哈达阳镇、额尔和乡、红彦镇12个乡、镇及所属166个行政村，保护范围位于东经123°33′~125°16′，北纬48°05′~49°51′，。区域生长面积5 000亩，年产量达300吨。

2 独特自然生态环境

2.1 土壤地貌情况

莫力达瓦达斡尔族自治旗土壤大体分为暗棕土、黑土、草甸土、沼泽地等，以暗棕土、黑土居多，土壤肥力养分含量较高，有机质含量为4.15%~10.09%，莫力达瓦达斡尔族自治旗所处的莫力达瓦隆起东侧是嫩江断裂，西侧是大杨树断陷，全旗地势西北高，东南低，多为大兴安岭支脉形成的低山区，主要有山地、丘陵、平原等地形单元，坡度一般在13°~30°，最大坡度35°。土壤地貌情况非常适合苏子生长。

2.2 水文情况

莫力达瓦达斡尔族自治旗境内地表水资源丰富，有56条河流横贯全境。其中流域面积大于500平方千米的河流有2条，即嫩江、诺敏河，大小湖泊9个，地表水年径流量为147亿立方米，地下水资源总量15.9亿立方米，莫力达瓦达斡尔族自治旗年总降水量约48亿立方米，主要集中于7—8月，水量充沛，流向有利，且没有工业污染，水质清澈、纯净，是理想的农业用水，水资源保持良好，可保证莫力达瓦达斡尔族自治旗的农业生产灌溉用水。

2.3 气候情况

莫力达瓦苏子种植基地所处的自然环境属于寒温带半湿润大陆性气候区，由于地处大兴安岭森林边缘的低山丘陵地带，受到地形、地势、植被及纬度的影响，形成了温度由西北向南递增，降水由西北向南递减，山地风速小于平原，风向呈河谷走向等特征。全旗年平均气温3.1℃，最高气温39.5℃，最低气温-47.3℃，年降水量为450～520毫米，年蒸发量为1 050～1 500毫米，年日照时数为2 500～2 800小时，≥10℃有效积温为1 780～2 490℃，个别年份达3 030.7℃，而低温年西北部只有1 544℃。秋霜在9月上中旬出现，枯霜在9月中下旬出现，春霜在5月上中旬结束，最低气温≥0℃的无霜期为100～145天，年平均风速3.1米/秒。全旗盛行偏北或西北风，气候生态属最适宜苏子生产区。

2.4 人文历史情况

莫力达瓦达斡尔族自治旗栽植苏子的历史可以追溯到17世纪以前，清初，达斡尔族在黑龙江省北岸已结成村落，聚族而居，那时就开始种植苏子等作物。民国三年（1914年），随着黑龙江省丈量土地、移民垦荒，大批汉族农民迁入达斡尔族地区，在先进生产方式的影响和商品市场的刺激下，达斡尔族农业迅速发展，苏子等经济作物的种植面积不断扩大，种植水平也不断提高。莫力达瓦达斡尔族自治旗有着丰富的历史文化资源，如民间舞蹈"鲁日格勒"、传统曲棍球竞技、传统音乐民歌"扎恩达勒"等，这些与莫力达瓦苏子共同构成了莫力达瓦达斡尔族自治旗独特的民族文化符号，体现了当地人民的生活方式和文化传承。

3 特定生产方式

3.1 产地选择

建立苏子种植基地，应选择阳光充足，排水良好的疏松肥沃的黑色壤土。土壤的pH值5.5～6.8较为适宜，没有除草剂残留药害。灌溉用水符合GB 5084—2021《农田灌溉水质标准》，环境空气质量应符合GB 3095—2012《环境空气质量标准》所规定的二级标准。

3.2 品种范围

紫苏子。

3.3 生产过程管理

莫力达瓦苏子以农业防治、生物防治、物理防治为主，化肥为辅，化肥必须与有机肥配合使用。生产过程严格按照《莫力达瓦苏子栽培技术规程》操作。生产过程中，农药和化肥的使用必须符合农产品关于农药使用及肥料使用的有关规定。

3.4 产品收获及产后处理

当大田有2/3植株叶片由绿色变成浅黄色，结穗变成浅褐色，种子由白色变成浅褐色时即可收获。苏子籽粒小，含油量高，易发热、霉变、酸败变质，因此储藏时含水量应低于8%，且存放在干燥、低温、通风的地方。

3.5 生产记录要求

莫力达瓦苏子生产的全过程要进行记录，对生产情况、病虫害发生情况、技术措施、农药和化肥的使用情况进行全面记载并妥善保存，以备查询。

4 产品品质特性特征和质量安全规定

4.1 外在感观特征

莫力达瓦苏子属唇形科，一年生草本植物，抗逆性强，小坚果棕褐色近球形；果实成熟时呈棕褐色，果皮薄而脆，易压碎。苏子油质量好，色泽浅，透明。

4.2 内在品质指标

莫力达瓦苏子味道芳香而清脆，味微辛、性温，营养物质独特，每100克果实中含脂肪46.4克左右，蛋白质25.2克左右，且含有丰富的维生素E，该果实还富含不饱和脂肪酸，如α-亚麻酸、亚油酸、油酸，其中α-亚麻酸含量高达59%以上。此外，种子中含有18种氨基酸，并含有钾、钙、镁等矿质元素，具有较高的营养价值和药用保健功效。

4.3 安全要求

莫力达瓦苏子严格执行《无公害农产品产地环境条件》标准。

4.3.1 磷化物按GB/T 25222—2010《粮油检验 粮食中磷化物残留量的测定 分光光度法》有关规定执行。

4.3.2 农药按照GB/T 14553—2003《粮食、水果和蔬菜中有机磷农药测定的气相色谱法》有关规定执行。

4.3.3 铅按NY 861—2004《粮食（含谷物、豆类、薯类）及制品中铅、铬、镉、汞、硒、砷、铜、锌等八种元素限量》有关规定执行。

4.3.4 镉按NY 861—2004《粮食（含谷物、豆类、薯类）及制品中铅、铬、镉、汞、硒、砷、铜、锌等八种元素限量》有关规定执行。

4.4 包装

包装材料应符合国家食品包装卫生要求，还应符合环境保护的要求。销售包装应符合GB/T 17109—2008《粮食销售包装》的有关规定，所有包装材料均应清洁、卫生、干燥、无毒、无异味，符合食品卫生要求，所有包装应牢固，不泄漏。

4.5 储藏

成品不得露天堆放。成品仓库必须清洁、干燥、通风，无鼠虫害。成品堆放必须有垫板，离地10厘米以上，成品不得与有毒有害、腐败变质、有不良气味的物品同时存放。运输、储藏过程符合NY/T 5190—2002《无公害食品 稻米加工技术规范》的规定。

4.6 堆放、装卸

苏子在堆放和装卸时要文明操作，运输工具要求清洁卫生。不得与有毒、有害物品混装、混运。凡装过化肥、农药等有害化学物品车厢舱位必须充分清扫、冲洗后方可装运。运输过程中严禁烈日暴晒、雨淋，注意防潮、防热。保证批次分明，堆码整齐，环境清洁。

5 标志使用

5.1 标志使用人条件

符合下列条件的单位和个人，可以向登记证书持有人申请使用农产品地理标志。

5.1.1 生产经营的农产品产自登记确定的地域范围。

5.1.2 已取得登记农产品相关的生产经营资质。

5.1.3 能够严格按照规定的质量技术规范组织开展生产经营活动。

5.1.4 具有地理标志农产品市场开发经营能力。

使用农产品地理标志，应当按照生产经营年度与登记证书持有人签订农产品地理标志使用协议，在协议中载明使用数量、范围及相关的责任义务。

5.2 标志使用人权利

5.2.1 可以在产品及其包装上统一使用农产品地理标志（莫力达瓦苏子名称和公共标识图案组合标注形式等）。

5.2.2 可以使用登记的农产品地理标志，进行宣传和参加展览、展示及展销。

5.3 标志使用人义务

5.3.1 自觉接受登记证书持有人的监督检查。

5.3.2 保证地理标志农产品的品质和信誉。

5.3.3 正确规范地使用农产品地理标志。

5.3.4 地理标志农产品的生产经营者，应当建立质量控制追溯体系，农产品地理标志持有人和标志使用人，对地理标志农产品的质量和信誉负责。

5.3.5 任何单位和个人不得伪造、冒用农产品地理标志和登记证书。

5.3.6 鼓励单位和个人对农产品地理标志进行社会监督。

鄂伦春黑木耳质量控制技术规范

编号：AGI2017-01-2009

本质量控制技术规范规定了经中华人民共和国农业部登记的鄂伦春黑木耳地域范围、独特自然生态环境、特定生产方式、产品品质特性特征和质量安全规定、标志使用等相关内容。本规范文本2017年经中华人民共和国农业部公告为国家强制性技术规范，各相关方必须遵照执行。

1 地域范围

鄂伦春自治旗地处呼伦贝尔市东北部、大兴安岭东南麓，北与黑龙江省呼玛县以伊勒呼里山为界，东与黑龙江省嫩江县隔江相望，南与莫力达瓦达斡尔族自治旗、阿荣旗接壤，西与根河市、牙克石市为邻。素有"北国碧玉""绿色净土""鲜卑民族发祥地"之美誉。全旗总面积59 880平方千米，是呼伦贝尔市面积最大的旗（市）。鄂伦春黑木耳保护范围在东经121°55′~126°10′，北纬48°50′~51°25′。保护地域包括全旗10个乡镇（阿里河镇、大杨树镇、吉文镇、甘河镇、克一河镇、乌鲁布铁镇、诺敏镇、宜里镇、托扎敏乡、古里乡），82个行政村，其中含5个猎区乡镇，7个猎民村。还有驻在的6个森工集团（林业局）、大兴安岭农场局及所属6个国营农场等。境内居住着鄂伦春族、蒙古族、达斡尔族、鄂温克族、汉族、回族、满族、朝鲜族等25个民族，总人口24.07万人。

2 独特自然生态环境

鄂伦春自治旗地域辽阔，资源富集，山清水秀，空气清洁，现已建成国家、自治区、旗级自然保护区7个，国家级森林公园3个、自治区级森林公园1个，5个乡镇获得"国家级生态乡镇"称号，全旗森林覆盖率82.5%，是一块无污染的天然净土，也是自治区粮食安全生产先进旗（县）、杂豆生产基地、国家优质粮生产基地、国家级绿色农业示范区、国家级生态示范区。

2.1 地貌土壤植被情况

鄂伦春自治旗境内的地貌单元可分为山地、丘陵、河谷平原。分布着黑土、暗棕壤、棕色针叶林土3种地带性土壤，植被依次为森林草甸、阔叶林或针阔混交林和针叶林。其中，分布在低山和丘陵上部的粗骨土，适宜柞树、桦树生长，有着开发和生产绿色食用菌得天独厚的生态环境和资源优势。还由于本旗工业开发建设相对较晚，境内无污染企业，生态环境良好。

2.2 水文情况

鄂伦春自治旗境内河流众多，纵横交错，大小支流有200多条。年平均降水量450～500毫米，年总降水量约40亿立方米，其中转化为地表水、地下水合计资源量为100亿立方米，约占年降水总量的25%。地表水、地下水储量人均占有3万多立方米，可为天然植被提供优质水源。

2.3 气候情况

鄂伦春自治旗属寒温带半湿润大陆性季风气候。四季变化明显，春季光照充足；夏季温凉湿润，降水集中；秋季昼夜温差大；冬季漫长寒冷。年平均无霜期95天，年有效积温2 200℃，年平均降水量611毫米。这种冷热交替明显的气候条件和适宜的空气湿度，非常适合发展优质黑木耳生产。

3 特定生产方式

3.1 地块选择

黑木耳对土壤的适应较广，但为了获得高产、优质的产品，目前来看采用林下地摆黑木耳是值得推广的栽培技术。林下地摆非常适合黑木耳生长，地表周围绿色植物的光合作用，为黑木耳生长提供充足的氧气，林片选择6阳4阴、通风好、地势高不积水、交通方便的场所。

3.2 菌种选择

菌种一部分是鄂伦春自治旗培育的，一部分是哈尔滨市生产的，菌种纯正无杂菌污染；菌丝洁白且连接成块，不变色不吐黄水；菌丝粗壮，生长势强；菌丝生活力强，转接到新培养基上后，吃料快；培养基湿润，与瓶壁紧贴不缩；菌龄适宜，一般在室温下保藏不超过15天，不能有耳基和幼耳出现。

3.3 主要生产控制

地形要求方正开旷，不宜窄长边角多；地势要求干燥，向阳背风，近水源，排水良好；周围环境要求没有有害气体，废水和垃圾污染源；场地四周最好有绿化带，起到净化空气和调节小气候的作用；应选择交通方便的地方，有利于原料和产品的运输；场内应有一定的空地，利于堆放原料和晾晒黑木耳。从摆放到收获全部采用人工方式，生产管理严守"鄂伦春黑木耳生产技术规范",制定"根河黑木耳生产管理规定",对生产地点、地块、所使农机具、收获、仓储、销售、日期等进行详细记录。种、管、收实现原始、自然、科学化、规范化。

3.4 产品收获及产后处理

鄂伦春黑木耳的收获期依用途和供应要求而定,根据上市或交售、储藏时间适时收获,收获后保证一定的晾晒时间,由生产厂家直接运走加工,其他部分装袋或装箱放入储藏库中,适时销售,包装、运输遵守"绿色食品包装、运输准则"

4 产品品质特性特征和质量安全规定

4.1 外在感官特征

鄂伦春黑木耳,亦称木耳,属于真菌门担子菌纲银耳目黑木耳科黑木耳属。鄂伦春黑木耳是一种大型真菌,由菌丝体和子实体组成。菌丝体无色透明,由许多具横隔和分枝的管状菌丝组成;子实体薄而呈波浪形,形如人耳。侧生于树木上,是人们食用的部分。子实体初生时为杯状,后渐变为叶状或耳状,半透明,胶质有弹性,干燥后缩成角质,硬而脆。耳片分背腹两面,朝上的叫腹面,也叫孕面,生有子实层,能产生孢子,表面平滑或有脉络状皱纹,呈浅褐色半透明状。贴近木头的为背面,也叫不孕面,凸起,青褐色,密生短茸毛。子实体单生或聚生,直径一般5~10厘米。鄂伦春黑木耳具有黑中透明、耳朵硕大、耳肉肥厚、口感清脆四大特征,且质地柔软,味道鲜美,营养丰富,可素可荤。

4.2 内在品质指标

鄂伦春黑木耳每100克含膳食纤维29.8克、蛋白质10.6克、脂肪0.2克、磷358毫克、钙375毫克、铁185毫克、钾1.19克,含铁量是肉类的100倍,含钙量是肉类的200倍,是天然的补铁补钙食品。

4.3 菌种生产及质量要求

鄂伦春黑木耳菌种的生产过程符合DB15/T 1055—2024《黑木耳菌种制作技术规程》的要求。母种外观洁白、纤细、均匀、平整,呈绒毛状平贴培养基生长,无角变,菌落边缘整齐,变色均匀,无杂菌菌落;培养基不干缩。生产种要求生活力强不带病虫和杂菌,菌龄适宜,无老化现象。

4.4 安全管理用药

执行GB/T 8321.10—2018《农药合理使用准则(十)》规定。黑木耳原基形成后至采收期不应在子实体上使用农药及生长激素类物质,不应使用活体微生物制剂和非农用抗生素。根据病虫为害特点有针对性地选择科学的施药方式,使用合适的施药器械,配药时使用标准称量器具。特别是要注意黑木耳菌丝对许多药物敏感,容易产生药害现象,不得随意频繁超量及盲目施药防治,不应使用的农药应执行NY/T 393—2000《绿色食品 农药使用准则》中生产A级绿色食品的农药使用准则的规定。

4.5 黑木耳采后质量安全管理

4.5.1 采后从事储藏加工的人员须身体健康,无传染病。

4.5.2 采后将耳蒂清除干净,根据标准,整理分级,干制加工处理装入干净容器内,包装纸箱无受潮、离层现象,塑料箱符合NY/T 658—2015《绿色食品 包装通用准则》规定。

4.5.3 包装、储藏与运输按DB64/T 971—2014《绿色食品 露地芥蓝生产贮运技术规程》规定执行。

4.5.4 推行黑木耳产品包装标识上市,建立质量安全追溯制度。

5 标志使用

"鄂伦春黑木耳"地域范围内的地理标志农产品生产经营者,在产品或包装上使用已获登记保护的农产品地理标志,必须向鄂伦春自治旗农畜产品质量安全中心提出申请,并按照相关要求规范开展经营活动,统一采用产品名称和农产品地理标志公共标识相结合的标注形式。

鄂伦春蓝莓质量控制技术规范

编号：AGI2017-01-2008

本质量控制技术规范规定了经中华人民共和国农业部登记的鄂伦春蓝莓地域范围、独特自然生态环境、特定生产方式、产品品质特性特征和质量安全规定、标志使用等相关内容。本规范文本2017年经中华人民共和国农业部公告为国家强制性技术规范，各相关方必须遵照执行。

1 地域范围

鄂伦春自治旗位于呼伦贝尔市东北部，大兴安岭东南麓，嫩江西岸，东经121°55′~126°10′，北纬48°50′~51°25′。北与黑龙江省呼玛县以伊勒呼里山为界，东与黑龙江省嫩江县隔江相望，南与莫力达瓦达斡尔族自治旗、阿荣旗接壤，西与根河市、牙克石市为邻。素有"北国碧玉""绿色净土""鲜卑民族发祥地"之美誉。全旗总面积59 880平方千米，是呼伦贝尔市面积最大的旗（市）。

鄂伦春蓝莓地域范围涉及全旗10个乡镇（阿里河镇、吉文镇、甘河镇、克一河镇、托扎敏乡、乌鲁布铁镇、大杨树镇、宜里镇、诺敏镇、古里乡），还有驻在的6个森工集团（林业局）、大兴安岭农场局及所属6个国营农场等。境内居住着鄂伦春族、蒙古族、达斡尔族、鄂温克族、汉族、回族、满族、朝鲜族等25个民族，总人口24.07万人。

2 独特自然生态环境

鄂伦春自治旗地域辽阔，资源富集，山清水秀，空气清洁，现已建成国家、自治区、旗级自然保护区7个，国家级森林公园3个、自治区级森林公园1个，5个乡镇获得"国家级生态乡镇"称号，全旗森林覆盖率82.5%，是一块无污染的天然净土，是内蒙古自治区粮食安全生产先进旗（县）、杂豆生产基地、国家优质粮生产基地、国家级绿色农业示范区、国家级生态示范区。

2.1 地貌土壤植被情况

本旗境内的地貌单元可分为山地、丘陵、河谷平原。分布着黑土、暗棕壤、棕色针叶林土3种地带性土壤，植被依次为森林草甸、阔叶林或针阔混交林和针叶林。本旗地形为北部林地向山地和丘陵过渡地带，土壤为暗棕壤和黑色草甸土，土质肥沃，偏酸性，pH值为5.5~6.4。林地面积4 389万亩，占全旗总面积的48.9%。主要有落叶松，其次是樟子松、杨树、白桦、柞树等。林业施业区面积8 730万亩，占全旗总土地面积的97.2%，森林覆盖率为82.5%。

2.2 水文情况

境内河流众多，大小支流有200多条。年平均降水量450~500毫米，年总降水量约40亿立方米，其中转化为地表水、地下水合计资源量为100亿立方米，约占年降水总量的25%。地表水、地下水储量人均占有3万多立方米，可为天然植被提供优质水源。

2.3 气候情况

本旗属寒温带半湿润大陆性季风气候。四季变化明显，春季光照充足；夏季温凉湿润，降水集中；秋季昼夜温差大；冬季漫长寒冷。年平均无霜期95天，年有效积温2 200℃，年平均降水量611毫米。

3 特定生产方式

3.1 植苗

春季种植通常在3—4月，苗木新芽萌动前栽植。一般选用2~3年生的苗木。苗木的高度一般在30厘米以上，根系和枝条粗壮

3.2 选择土壤

蓝莓选择土壤的pH值在4.3~5.2。

3.3 栽植株数

蓝莓栽植的行距在2.0~2.5米。

3.4 施肥

蓝莓是对肥料比较敏感的植物，施肥过多会由于土壤盐基浓度过高而伤害根系，造成植株死亡。3—4月栽植后亩可施用农家肥400~500千克或者硫酸钾型复合肥30克于土壤表面，距离树木根部20厘米以外环状施入，结合地表覆盖压在覆盖物下面。5—6月追肥一次。

3.5 光照

蓝莓喜光，尽量保证较多的光照时间和较强的光照强度。如果在50%以上遮阴的地方种植蓝莓，其产量将会大大减少。所以，对于种植园周边的高大树木要及时修枝透光，或者伐除。选地时也要尽量避开有树阴遮盖的地方。

3.6 修剪

栽植当年要剪掉地上部分的1/2左右；栽植后第2~3年不修剪，但要除掉全部花芽、瘦弱枝条和病虫伤害的枝条；栽植后第4年，树高达到120~150厘米，剪掉瘦弱和有病虫害的老枝；短缩旺盛的枝条以控制树高；剪掉密集的结果枝，保留全株花芽的50%左右，以确保良好树势的形成和果实的品质。修剪要在休眠期结束前进行。

3.7 病虫害防治

蓝莓生育期间可能发生叶斑病、溃疡病、枯萎病等多种病虫害，要针对它们在各地区的发生规律及早预防，综合治疗。

3.8 采收技术

由于果实成熟期不一致，一般采收需持续3~4周。果实鲜销时，采用人工采摘。采收后放入塑料食品盒中，再放入浅盘中运输到市场。尽量避免挤压、暴晒。

4 产品品质特性特征和质量安全规定

4.1 外在感官特征

鄂伦春蓝莓是一种小浆果，果实呈蓝色，色泽美丽、悦目，被一层白色果粉包裹，果肉细腻，甜酸适口，具有香爽宜人的香气。

4.2 内在品质指标

鄂伦春蓝莓含有多种人体必需微量元素和维生素等，每100克鄂伦春蓝莓中镁含量>7.00毫克、钙含量>13毫克、磷含量>19毫克、维生素C含量>7.00毫克、原花青素含量>300毫克。

5 标志使用

生产经营的农产品产自登记确定的地域范围；具备登记农产品相关的生产经营资质和市场开发能力；能够严格按照质量技术规范开展生产经营活动，具备以上几种条件可以申请使用标志，并与标志持有人签订协议，明确权利义务和使用数量。按照农产品地理标志管理办法使用标志，接受当地农业部门监督管理。

标志使用人应在其产品或包装上统一使用农产品地理标志（鄂伦春蓝莓名称和农产品地理标志公共标识图案组合标注形式）。

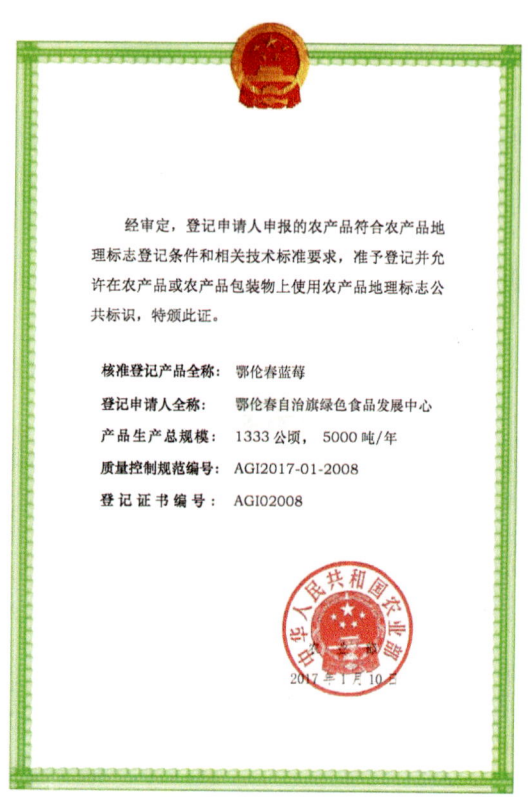

鄂伦春北五味子质量控制技术规范

编号：AGI2017-01-2011

鄂伦春北五味子的地域范围、独特自然生态环境、特定生产方式、产品品质特性特征和质量安全规定、标志使用等相关内容。本规范文本2017年经中华人民共和国农业部公告为国家强制性技术规范，各相关方必须遵照执行。

1　地域范围

鄂伦春自治旗位于呼伦贝尔市东北部，大兴安岭东南麓，嫩江西岸，东经121°55′~126°10′，北纬48°50′~51°25′。北与黑龙江省呼玛县以伊勒呼里山为界，东与黑龙江省嫩江县隔江相望，南与莫力达瓦达斡尔族自治旗、阿荣旗接壤，西与根河市、牙克石市为邻。素有"北国碧玉""绿色净土""鲜卑民族发祥地"之美誉。全旗总面积59 880平方千米，是呼伦贝尔市面积最大的旗（市）。

鄂伦春北五味子地域范围涉及全旗10个乡镇（阿里河镇、吉文镇、甘河镇、克一河镇、托扎敏乡、乌鲁布铁镇、大杨树镇、宜里镇、诺敏镇、古里乡），还有驻在的6个森工集团（林业局）、大兴安岭农场局及所属6个国营农场等。

2　独特自然生态环境

鄂伦春自治旗属寒温带半湿润大陆性季风气候，春季光照充足；夏季雨热同期；冬季寒冷漫长。年平均无霜期95天，年平均降水量611毫米，年有效积温2 200℃。土壤为暗棕壤和黑色草甸土，土质肥沃，腐殖质深厚，非常适宜北五味子等可在寒冷条件下越冬的植物生长。本旗森林茂密，主要有落叶松、樟子松、杨树、白桦、柞树等。林业施业区面积8 730万亩，占全旗总土地面积的97.2%，森林覆盖率为82.5%。

3　特定生产方式

北五味子又称五味子、辽五味、山花椒、花椒秧、乌拉勒吉嘎纳（蒙语名）。按最新的植物分类系统属于五味子科五味子属。该种以干燥的果实入药，其商品名为"五仁醇"，1990年被《中华人民共和国药典》收载，是北方重要的地道药材之一。

野生北五味子为多年生落叶木质藤本，长达8米，多生于湿润、肥沃、腐殖质深厚的杂木林、林缘、山间灌丛中。具有喜光、喜湿润、喜肥、适应性强等特性，可在-40～-35℃条件下安全越冬。茎枝有较多隐芽，萌发力强，可用断枝、压条、插条等方式进行无性繁殖，寿命可达百余年。

3.1 种子园营建技术

3.1.1 种子园类型：确定第一代改良无性系种子园、杂交种子园、杂种种子园均为无性系种子园，并采用大田直播育苗、野生苗移植、扦插育苗的方法建立。

3.1.2 无性系数量：北五味子在野生条件下，主要靠营养繁殖，由母株的地下横走茎（分布在10～40厘米腐殖质层中）向四周伸展，盘根错节，新横走茎第一年形成不定芽，第二年长出新植株，同时又产生新的横走茎又向四周伸长，每年如此繁衍，新植株从根茎上发生，没有主根，只有少量须根，因此不耐干旱，其营养来源除本身从土壤中吸收外，还可从母株上获得。据观察，年老或生长在瘠薄土地上的植株多生雄花；幼年或壮年树生活力强，多生雌花。北五味子植株寿命可达20年。为了保障种子后代生活力不下降，无性系个数必须有足够的数量，以防止近亲繁殖，扩大遗传基础，采用野生北五味子原生地通过鉴定的40个野生北五味子优良无性系繁育。

3.1.3 无性系配置：无性系排列是按小区配置的，配置原则如下。

——统一无性系的性系分株，应保持最大间隔距离，有利于自由交配；
——无性系经疏伐后仍能保持无性系个数，且分布均匀；
——避免各个小区无性系固定，按一定规律搭配；
——便于对各个无性系的试验数据进行统计分析和配合力检验；
——简单易行，便于施工管理。

配置方式主要使用调整的随机小区排列、分组随机排列、计算机程序排列和错位排列。

3.1.4 栽植密度：第一代改良无性系种子园栽植密度为8 333株/公顷，株行距1.5米×0.8米。杂交种子园、杂种种子园栽植密度为11 111株/公顷，株行距1.5米×0.6米。

3.1.5 建园材料的繁殖：五味子建园材料可采用扦插苗和野生苗，五味子的扦插育苗采用春插。

3.1.6 定植：移栽株行距为2米×1米，移栽前在栽植带中间挖栽植穴，直径50厘米，深35厘米，定植时穴内施用基肥。

3.2 采穗圃

对建立采穗圃所使用的苗木要进行严格的选择，以保证其遗传性状的优良，同时要保证无病虫害感染。

株行距的配置，既要充分利用土地，又要适于树木生长和便于管理。设计采用1.5米×0.8米株行距，即8 333株/公顷。

3.3　优树收集区

无性系可按行状或块状安排，即每一无性系栽植一行至数行或一片，每一无性系不得少于10株，栽植密度为8 333株/公顷，株行距1.5米×0.8米。

3.4　杂种培育

将杂种圃中选出的单株，繁殖成无性系，做无性系测定，对综合性状表现优良的无性系，定植于杂种种子园中，同时繁殖一定数量的苗木，投入不同生态区进行区域化栽培试验。根据区域化试验结果，得出新品种适应区域结果，并提出繁殖推广的技术措施。

3.5　子代测定林

3.5.1　苗木：田间试验主要采用随机完全区组设计。播种时间同一试验地不能超过两天，同一重复必须一次播完。立地变化较大时，设长方形重复和小区，重复边长平行于等高线，小区垂直于等高线方向设置。

3.5.2　定植：对照林栽植密度8 333株/公顷，株行距1.5米×0.8米。

3.6　试验基地建设

结合天然种子林改造的试验目的，执行相应的国标及行业标准，采取不同的营建技术、不同的培育和管理措施。为了培育优良的北五味子苗木，苗圃地最好选择地势平坦，水源方便，排水好，疏松、肥沃的沙壤土地块。苗圃地应在前一年土壤结冻前进行翻耕、耙细，翻耕深度25～30厘米。结合秋翻施入基肥，每亩施腐熟农家肥5立方米左右。

3.7　幼苗移栽及圃地管理

6月中下旬，幼苗带土坨移入苗圃。栽苗前苗圃地要充分做好准备（翻耙、打垄等），栽苗时用平镐破垄开15厘米深沟，施入口肥（每亩用优质农家肥400～500千克），纸钵苗按株距10～15厘米摆放沟中，用细土填平，浇透水，最后封垄。幼苗移入苗圃后，土壤干旱时及时灌水，勤除草松土。7月初进行第1次追肥。每延长米垄施硝酸铵30～40克、硫酸钾10～15克；8月初进行第2次追肥，施三元复合肥50克或磷酸二铵40克、硫酸钾10克。

秋收后，对耕地进行施肥，每亩施农家肥3～5立方米，在架的两侧隔年进行，头两年靠近栽植沟壁，第三年后在行间开深30~40厘米的沟，填粪后马上覆土。

入冬前按确定的行距挖深50~70厘米、宽80~100厘米的栽植沟。挖土时把表土放在沟的一侧，心土放在另一侧，沟挖好后先填入一层表土，然后分层施入腐熟或半腐熟有机肥（3~5立方米/亩），分2~3次踏实。回填后把全园平整好，栽植带高出地面10厘米左右。架柱和架线的设立在栽苗前完成，架高2米，设三道线，间距60厘米。

五味子栽后4~5年大量结果，结果年份秋季8—9月果实呈紫红色时摘下，随熟随采，晒干或阴干。采摘时要轻拿轻放，以保障商品质量。加工时可日晒或烘干。烘干时，开始时室温在60℃左右，当五味子达半干时，将温度降到40~50℃，达到八成干时挪到室外日晒至全干，搓去果柄，挑出黑粒即可入库储藏。若遇阴雨天要用微火烘干，但温度不能过高，防止挥发油挥发，变成焦粒。

4 产品品质特性特征和质量安全规定

鄂伦春北五味子生产于大兴安岭东南麓的鄂伦春自治旗，产地森林茂密，物种丰富，森林覆盖率为82.5%，生态环境良好、无污染（土壤环境质量符合GB 15618—2018《土壤环境质量　农用地土壤污染风险管控标准（试行）》二级土壤环境质量标准；环境空气质量符合GB 3095—2012《环境空气质量标准》二级环境空气质量标准），无农药残留（农田灌溉水质符合GB 5084—2021《农田灌溉水质标准》），口味及营养成分优异，干物质含量高，符合国家质量安全标准强制要求的安全食品。

5 标志使用

自觉接受鄂伦春自治旗绿色食品发展中心对其生产、加工、营销过程的指导，服从其对鄂伦春北五味子标志使用情况以及产品生产情况的跟踪检查和监督管理。

鄂伦春北五味子登记后，一经登记人授权，在今后的生产过程中将严格按照《"鄂伦春北五味子"农产品地理标志质量控制技术规范》要求组织生产和经营，保证鄂伦春北五味子的品质和质量；认真做好相关生产记录和标志使用档案，自觉建立质量控制追溯体系，对地理标志农产品的质量和信誉负责。

在今后的标志使用中认真执行《农产品地理标志管理办法》和《农产品地理标志使用规范》，正确规范使用鄂伦春北五味子产品专用名称和国家农产品地理标志公共标识，不擅自扩大使用范围，不买卖、转让、加贴标志。未经授权，不使用与鄂伦春北五味子相似的文字、图形或其组合，保护鄂伦春北五味子的品牌信誉和市场信誉。

鄂伦春自治旗地域范围内的地理标志农产品生产经营者，在产品或包装上使用已获登记保护的农产品地理标志，须向登记证书持有人提出申请，并按照相关要求规范生产和使用标志，统一采用产品名称和农产品地理标志公共标识相结合的标注形式。

农产品地理标志
登记证书

中华人民共和国农业部

经审定，登记申请人申报的农产品符合农产品地理标志登记条件和相关技术标准要求，准予登记并允许在农产品或农产品包装物上使用农产品地理标志公共标识，特颁此证。

核准登记产品全称：鄂伦春北五味子
登记申请人全称：鄂伦春自治旗绿色食品发展中心
产品生产总规模：100公顷，1000吨/年
质量控制规范编号：AGI2017-01-2011
登记证书编号：AGI02011

根河卜留克质量控制技术规范

编号：AGI2011-05-00767

本质量控制技术规范规定了经中华人民共和国农业部登记的根河卜留克的地域范围、独特自然生态环境、特定生产方式、产品品质特性特征和质量安全规定、标志使用等相关内容。

1 地域范围

根河市位于呼伦贝尔市北部，是内蒙古自治区最北部的旗（市）之一。东以额伦春自治旗为邻，西以额尔古纳市接壤，南连牙克石市，北接黑龙江省漠河县、塔河县。南北直线距离最长240.4千米，东西直线距离最宽198.8千米。总面积19 929平方千米。根河卜留克农产品地理标志地域保护范围包括满归镇、阿龙山镇、金河镇、得耳布尔镇、敖鲁古雅鄂温克族乡、好里堡街道、森工街道、河西街道、河东街道。保护范围位于大兴安岭北段西坡，地理坐标为东经120°12′~122°55′，北纬50°20′~52°30′，区域生产面积33 153.1亩，年产量达1 000吨。

2 独特自然生态环境

2.1 土壤地貌情况

根河市境内的山地属构造地貌，无高山（海拔3 500米以上）分布，多为中山（海拔1 000米以上）和低山（海拔500~1 000米）。中山系大兴安岭山脉骨骼部分，也是构成本市地貌的主体，是全市主要林业基地。山体岩性以酸性岩为主，其次为基性岩，还有沙砾岩分布，自然植被为针阔叶混交林和阔叶林，林下土壤为暗棕壤和针叶林土。土壤地貌情况非常适合卜留克生长。

2.2 水文情况

境内河流众多，纵横交错。河长在20千米以上、流域面积超过100平方千米的河流有37条，其中二级支流2条，三级支流23条，四级支流12条；流域面积大于1万平方千米的大河流2条，1 000~5 000平方千米的中等河流2条，其余均为1 000平方千米小河流。年平均降水量450毫米。天然水质优良,没有污染,是理想的农业用水,水资源保持良好,可保证根河市范围内的农业生产灌溉用水。

2.3 气候情况

根河卜留克生长所处的自然环境属于寒温带湿润型森林气候,平均气温为-7~-4℃,最低气温49.6℃,日照时数为2 719小时左右,大风日数很少,一般每年都不超过4天,有效积温为1 732.8℃,秋霜在9月上中旬出现,枯霜在9月中下旬出现,春霜在6月上中旬结束,平均风速小于3米/秒,无霜期在80天左右,常年盛行西南风,8—12月以东北风为主。全市的气候生态适宜卜留克生长。

3 特定生产方式

根河卜留克根据不同品种生长期,待肉质根充分长大后,在霜降前(9月中旬左右)。收后切去顶芽,在地窖或挖沟埋藏。冬季可随时取出食用或上市销售。

3.1 收获与分类

待肉质根充分长大后收获。将收获的卜留克摘净,剔除杂草、杂物,按鲜嫩程度进行分类。

3.2 卜留克块茎的腌制方法

将筛选后的鲜卜留克清洗,在阳光下晒一会,放入缸中压实,每50千克卜留克放10千克食盐和适量的水,在0℃左右放置阴凉处储藏。

3.3 卜留克酱的腌制方法

将筛选后的鲜卜留克清洗干净后,在阳光下晒一会,把卜留克放入缸中压实,每50千克放10千克食盐和适量的水,在0℃左右放置阴凉处储藏。

3.4 卜留克粉的制作方法

将筛选后的鲜卜留克清洗干净后,晾干磨成粉后,然后进行包装。

3.5 生产记录要求

根河卜留克收获、生产全过程要记录,对收获、生产情况、技术措施、加工过程进行全面记载并妥善保存,以备查询。

4 产品品质特性特征和质量安全规定

4.1 外在感观特征

根河卜留克为十字花科，芸薹属，植株高20~50厘米，主根细长，茎直立球状，叶色深绿，叶面有白粉，叶肉厚，叶片裂刻深。味道爽口，鲜、嫩、脆、辣，营养丰富。

4.2 内在品质指标

根河卜留克富含高钙、低脂、低钠，含有人体所需的（天冬氨酸、苏氨酸、丝氨酸、谷氨酸、脯氨酸、甘氨酸、丙氨酸、缬氨酸、蛋氨酸、异亮氨酸、亮氨酸、酪氨酸、苯丙氨酸、赖氨酸、组氨酸、精氨酸）和25种微量元素（钙含量492.0毫克/千克，铁含量9.162毫克/千克，锌含量3.020毫克/千克），是难得的原生态绿色食品，长期食用，可保持健康的体魄，是人们餐桌上不可缺少的美味佳肴。

4.3 安全要求

根河卜留克严格执行NY/T 391—2021《绿色食品 产地环境质量》标准。绿色食品卜留克基地要远离城市、工矿区及主要交通干线，基地区域及周边无"三废"排放企业。农田大气环境良好，灌溉水质、土壤环境质量均要符合NY/T 391—2021《绿色食品 产地环境质量》，适宜卜留克生长，同时绿色食品生产基地应具有可持续的生产能力。

4.3.1 空气环境质量要求：绿色食品产地空气中各项污染物含量不应超过表1所列的指标要求。

表1 空气中各项污染物的指标要求（标准状态）

项目	指标	
	日平均	1小时平均
总悬浮颗粒物（TSP）/（毫克/立方米）≤	0.30	—
二氧化硫（SO_2）/（毫克/立方米）≤	0.15	0.50
氮氧化物（NO_x）/（毫克/立方米）≤	0.10	0.15
氟化物（F）≤	7微克/立方米	20微克/立方米
	1.8微克/平方分米（挂片法）	

注：1. 日平均指任何一日的平均指标。

2. 1小时平均指任何1小时的平均指标。

3. 连续采样3天，一日3次，早、午和晚各1次。

4. 氟化物采样可用动力采样滤膜法或用石灰滤纸挂片法，分别按各自规定的指标执行，石灰滤纸挂片法挂置7天。

4.3.2 农田灌溉水质要求

绿色食品产地农田灌溉水中各项污染物含量不应超过表2所列的指标要求。

表2 农田灌溉水中各项污染物的指标要求

项目	指标
pH值	5.5~8.5
总汞/（毫克/升）≤	0.001
总镉/（毫克/升）≤	0.005
总砷/（毫克/升）≤	0.05
总铅/（毫克/升）≤	0.1
六价铬/（毫克/升）≤	0.1
氟化物/（毫克/升）≤	2.0
粪大肠菌群/（个/升）≤	10 000

注：灌溉菜园用的地表水需测粪大肠菌群，其他情况不测粪大肠菌群。

5 包装、标志使用等相关规定

5.1 分类

产品分干品及鲜品两种。

5.2 包装

包装材料应符合国家食品包装要求，还应符合环境保护的要求，销售包装应符合GB/T 17109—2008《粮食销售包装》的有关规定，所有包装材料均应清洁、卫生、干燥、无毒、无异味，符合食品卫生要求，所有包装应牢固，不泄漏。

5.3 标志使用

标志使用人应在其产品或者包装上统一使用农产品地理标志（根河卜留克名称和公共标识图案组合标注形式等）。

5.4 储藏

根河卜留克储存方法有晒干储藏和腌制储藏。晒干产品不得露天堆放。成品仓库必须清洁、干燥、通风、无鼠虫害。成品堆放必须有垫板，离地10厘米以上，鲜品必须洗净装缸或储藏在地窖中。

5.5 堆放、装卸

根河卜留克在堆放和装卸时要文明操作，运输工具要求清洁卫生。不得与有毒有害物品混装、混运。运输过程中严禁烈日暴晒、雨淋。保持批次分明，堆码整齐，环境清洁。

根河黑木耳质量控制技术规范

编号：AG12015-03-1740

本质量控制技术规范规定了经中华人民共和国农业部登记的根河市黑木耳的地域范围、独特自然生态环境、特定生产方式、产品品质特性特征和质量安全规定、标志使用等相关内容。

1 地域范围

根河市位于呼伦贝尔市北部，是内蒙古自治区最北部的旗（市）之一。东以额伦春自治旗为邻，西以额尔古纳市接壤，南连牙克石市，北接黑龙江省漠河县、塔河县。南北直线距离最长240.4千米，东西直线距离最宽198.8千米。总面积19 929平方千米。根河黑木耳农产品地理标志地域保护范围包括满归镇、阿龙山镇、金河镇、得耳布尔镇、敖鲁古雅鄂温克族乡、好里堡街道、森工街道、河西街道、河东街道。保护范围位于大兴安岭北段西坡，地理坐标为东经120°12′~122°55′，北纬50°20′~52°30′，区域生产面积33 153.1亩，人口18万人，森林覆盖率87.2%，人均拥有林地210多亩，目前产量达10万千克。

2 独特自然生态环境

2.1 土壤地貌情况

根河市境内的山地属构造地貌，没有高山（海拔3 500米以上）分布，多为中山（海拔1 000米以上）和低山（海拔500~1 000米）。中山系大兴安岭山脉骨骼部分，也是构成本市地貌的主体，是全市主要林业基地。山体岩性以酸性岩为主，其次为基性岩，还有沙砾岩，自然植被为针阔叶混交林和阔叶林，林下土壤为暗棕壤和针叶林土。土壤地貌情况非常适合黑木耳生长。

2.2 水文情况

根河市境内河流众多，纵横交错。河长在20千米以上、流域面积超过100平方千米的河流有37条，其中二级支流2条，三级支流23条，四级支流12条；流域面积大于1万平方千米的大河流2条，1 000~5 000平方千米的中等河流2条，其余均为1 000平方千米小河流。年平均降水量450毫米。天然水质优良，没有污染，是理想的农业用水，水资源保持良好，可保证根河市范围内的农业生产灌溉用水。

2.3 气候情况

根河黑木耳生长所处的自然环境属于寒温带湿润型森林气候，平均气温为-7~-4℃，最低气温49.6℃，日照时数为2 719小时左右，大风日数很少，一般每年都不超过4天，有效积温为1 732.8℃，秋霜在9月上中旬出现，枯霜在9月中下旬出现，春霜在6月上中旬结束，平均风速小于3米/秒，无霜期在80天左右，常年盛行西南风，8—12月以东北风为主。全市的气候生态适宜黑木耳生长。

3 特定生产方式

3.1 地块选择

黑木耳对土壤的适应较广，林下地摆非常适合黑木耳生长，地表周围绿色植物的光合作用，为黑木耳生长提供充足的氧气，为了获得高产、优质的产品，采用林下地摆黑木耳是值得推广的栽培技术。林片选择6阳4阴、通风好、地势高不积水、交通方便的场所。

3.2 菌种选择

菌种一部分是根河市培育的，一部分是哈尔滨市生产的，菌种纯正无杂菌污染；菌丝洁白且连接成块，不变色不吐黄水；菌丝粗壮，生长势强；菌丝生活力强，转接到新培养基上后，吃料快；培养基湿润，与瓶壁紧贴不缩；菌龄适宜，一般在室温下保藏不超过15天为宜。

3.3 主要生产控制

地形要求方正开阔，不宜窄长边角多；地势要求干燥，向阳背风，近水源，排水良好；周围环境要求没有有害气体，废水和垃圾污染源；场地四周最好有绿化带，起到净化空气和调节小气候的作用；应选择交通便利的地方，有利于原料和产品的运输；场内应有一定的空地，利于堆放原料和晾晒黑木耳。从摆放到收获全部采用人工方式，生产管理严守《根河黑木耳生产技术规范》，制定《根河黑木耳生产管理规定》，对生产地点、地块、所使农机具、收获、仓储、销售等进行详细记录。种、管、收实现原始、自然、科学化、规范化。

3.4 产品收获及产后处理

根河黑木耳的收获期依用途和供应要求而定，根据上市或交售、储藏时间适时收获，收获后保证一定的晾晒时间，由生产厂家直接运走加工，其他部分装袋或装箱放入储藏库中，适时销售，包装、运输遵守"绿色食品包装、运输准则"。

4 产品品质特性特征和质量安全规定

4.1 外在感官特征

根河黑木耳，亦称木耳、光木耳、云耳等，属于真菌门担子菌纲银耳目黑木耳科黑木耳属。根河黑木耳是一种大型真菌，由菌丝体和子实体组成。菌丝体无色透明，由许多具横隔和分枝的管状菌丝组成；子实体薄而呈波浪形，形如人耳。侧生于树木上，是人们食用的部分。子实体初生时为杯状，后渐变为叶状或耳状，半透明，胶质有弹性，干燥后缩成角质，硬而脆。耳片分背腹两面，朝上的叫腹面，也叫孕面，生有子实层，能产生孢子，表面平滑或有脉络状皱纹，呈浅褐色半透明状。贴近木头的为背面，也叫不孕面，凸起，青褐色，密生短茸毛。子实体单生或聚生，直径一般4～10厘米。黑木耳，色泽黑褐，质地柔软，味道鲜美，营养丰富，可素可荤，不但为中国菜肴大添风采，而且养血驻颜，祛病延年。现代营养学家盛赞黑木耳为"素中之荤"，其营养价值可与动物性食物相媲美。

4.2 内在品质指标

根河黑木耳含有多种氨基酸，其中每100克天冬氨酸>0.80克、苏氨酸>0.50克、丝氨酸>0.45克、谷氨酸>0.85克、脯氨酸>0.25克、甘氨酸>0.35克、丙氨酸>0.65克、胱氨酸>0.08克、缬氨酸>0.50克、蛋氨酸>0.10克、异亮氨酸>0.30克、亮氨酸>0.65克、酪氨酸>0.25克、苯丙氨酸>0.45克、赖氨酸>0.45克、组氨酸>0.25克、精氨酸>0.45克，氨基酸总量>7.70克，同时每100克粗纤维3.00～4.91克、硒>2.40微克、钙>310毫克、铁>4.50毫克，根河黑木耳富含高钙、低脂、低钠等特性，含有人体所需的多种氨基酸和多种微量元素（干湿比1∶15以上、粗蛋白质不低于7.00%、粗纤维3.00%～6.00%、脂肪不低于0.40%、总碳水化合物65.5%～69.5%），是难得的原生态绿色食品，长期食用，可保持健康的体魄，是人们餐桌上不可缺少的美味佳肴。

4.3 质量安全规定

根河黑木耳严格执行NY/T 391—2021《绿色食品 产地环境质量》标准。至少300米之内无禽畜舍、无垃圾（粪便）场、无污水和其他污染源（如大量扬尘的水泥厂、砖瓦厂、石灰厂、木材加工厂等）。地势高燥，通风良好，排水畅通，交通便利。

农、林田大气环境良好，灌溉水质、土壤环境质量均要符合NY/T 391—2021《绿色食品 产地环境质量》。适宜黑木耳生长，同时绿色食品生产基地应具有可持续的生产能力。

4.3.1 空气环境质量要求：绿色食品产地空气中各项污染物含量不应超过表1所列的指标要求。

表1 空气中各项污染物的指标要求（标准状态）

项目	指标	
	日平均	1小时平均
总悬浮颗粒物（TSP）/（毫克/立方米）≤	0.30	—
二氧化硫（SO_2）/（毫克/立方米）≤	0.15	0.50
氮氧化物（NO_x）/（毫克/立方米）≤	0.10	0.15
氟化物（F）≤	7微克/立方米	20微克/立方米
	1.8微克/平方分米（挂片法）	

注：1. 日平均指任何一日的平均指标。
　　2. 1小时平均指任何1小时的平均指标。
　　3. 连续采样3天，一日3次，早、午和晚各1次。
　　4. 氟化物采样可用动力采样滤膜法或用石灰滤纸挂片法，分别按各自规定的指标执行，石灰滤纸挂片法挂置7天。

4.3.2 农田灌溉水质要求：绿色食品产地农田灌溉水中各项污染物含量不应超过表2所列的指标要求。

表2 农田灌溉水中各项污染物的指标要求

项目	指标
pH值	5.5～8.5
总汞/（毫克/升）≤	0.001
总镉/（毫克/升）≤	0.005
总砷/（毫克/升）≤	0.05
总铅/（毫克/升）≤	0.1
六价铬/（毫克/升）≤	0.1
氟化物/（毫克/升）≤	2.0
粪大肠菌群/（个/升）≤	10 000

注：灌溉菜园用的地表水需测粪大肠菌群，其他情况不测粪大肠菌群。

5 标志使用

生产经营的农产品产自登记确定的地域范围；并具备登记农产品相关的生产经营资质和市场开发能力；能够严格按照质量技术规范严格开展生产经营活动，具备以上几种条件可以申请使用标志，并与标志持有人签订协议，明确权利义务和使用数量。按照农产品地理标志管理办法其他规定使用标志，接受当地农业部门监督管理。

标志使用人应在其产品或其包装上统一使用农产品地理标志（根河黑木耳名称和农产品地理标志公共标识图案组合标注形式）。

牙克石马铃薯质量控制技术规范

编号：AGI2020-01-2794

本质量控制技术规范规定了登记产品的地域范围、独特自然生态环境、特定生产方式、产品品质特性特征和质量安全规定、标志使用等相关内容。本规范文本2020年经中华人民共和国农业农村部公告为国家强制性技术规范，各相关方必须遵照执行。

1 地域范围

牙克石市位于呼伦贝尔腹地，地处大兴安岭主脉中段西侧，东经120°28′~122°29′，北纬47°39′~50°52′，海拔600~1 600米。东连嫩江流域，与鄂伦春自治旗、阿荣旗接壤，西抵呼伦贝尔草原东缘，与额尔古纳市、陈巴尔虎旗、鄂温克族自治旗毗邻，南与扎兰屯市交界，北接根河市。牙克石市纬度高、海拔高、气温冷凉、交通便利，是公认的优质马铃薯生产种植区。全市土地总面积2.8万平方千米，共有12个乡镇（便民服务中心），41个村委会。牙克石马铃薯保护地域分布在市域12个乡镇（便民服务中心）41个村（经管会）范围内，保护面积40.5万亩，保护规模为年产量100万吨。

2 独特自然生态环境

2.1 土壤地貌情况

牙克石市位于大兴安岭西麓中低山地带，沿大兴安岭北段主脉南北分布。地势自东向西倾斜，西缓东陡。全市地貌可分为山脊高地地貌区、低山丘陵区两类。耕地土壤主要有灰色森林土、黑钙土、草甸土、沼泽土及暗棕壤5类，主要分布在大兴安岭林区的林缘、林间空地及山间河谷平地，95%以上的耕地为旱地，是典型的一年一熟旱作农业。耕地土壤养分平均值为有机质66.3克/千克、全氮3.08克/千克、碱解氮255.1毫克/千克、有效磷20.42毫克/千克、速效钾253.2毫克/千克。

2.2 气候情况

牙克石市地处寒温带大陆性季风气候区，太阳辐射强烈，日照资源丰富，气温年较差和月较差较大，无霜期短，通常为90~105天，春季干旱多风，夏季温凉短促，秋季降温剧烈，冬季寒冷漫长。全年日照时数平均2 589小时，年平均气温-2.2℃，全年≥10℃有效积温为1 750～2 000℃，年降水量373～474毫米，降水多集中在7—8月，占全年降水量的50%以上，6—9月占全年降水量的80%以上，年蒸发量932～1 283毫米。昼夜温差大，光照时间长，雨热同期，有利于作物的干物质积累，非常适于马铃薯等作物的生长发育。

3 特定生产方式

牙克石市处于高纬度、高海拔黑土地地带，土壤肥沃，日照充足，气候温凉湿润，雨热同季，昼夜温差大。牙克石马铃薯生产技术要求如下。

3.1 产地选择与特殊规定

选择土层深厚，土壤疏松肥沃，灌排条件良好的地块。实行3年以上非茄科作物轮作，选择豆科、禾本科前茬地。原种繁种田周围5 000米，一级、二级种薯繁种田周围1 000米不能种植茄科类作物。前茬作物收获后，立即深翻晒垡，深翻35～45厘米。春播前整地，播前旋、耕、耙、耢、压，起垄宽65～90厘米。全程机械化或半机械化作业。

3.2 品种选择

选用抗病、优质、丰产、适应当地栽培条件的脱毒种薯。

3.3 生产过程管理

加强牙克石马铃薯生产管理，实行3年以上非茄科作物轮作，前茬地多选择豆科、禾本科等。这是为了减少病虫害的发生，尤其是避免马铃薯晚疫病等病害在土壤中积累，保障马铃薯的健康生长。

3.4 产品收获

收获前5～10天割掉地上部茎叶，及时清理出田间（或用药物杀秧）。在割掉茎叶的田间喷洒一遍杀菌剂，选择在晴天适时收获。在收获和运输过程中轻拿轻放，减少机械损伤和人为损伤、混杂，严防块茎被雨淋、受冻和混杂，并严格把病、烂、伤、畸形薯等剔除。

3.5 生产记录要求

对产品生产地点，土壤耕作茬口，所使用农机具，所施用肥料名称、施肥方式、施肥时间、施肥量，施用农药名称、施药方式、施药时间及施药对象，产品收获、销售等项目的日期、方式、数量等进行详细记录。

4 产品品质特性特征和质量安全规定

4.1 外在感官特征

块茎以椭圆形为主，薯形均匀，表皮光滑，呈淡黄色，肉鲜黄色，块茎大而整齐，芽眼少而浅。

4.2 内在品质指标

牙克石马铃薯营养物质含量参考范围值，每100克产品含维生素C 19.2～22.2毫克，蛋白质1.58～1.89克，可溶性总糖含量为1.68%～1.87%，淀粉含量为5.2%～18.2%，钙含量为35.0～69.4毫克/千克。

4.3 质量安全规定

牙克石市空气清新、土地环保、水源清洁，生产条件良好。生产严格按照GB/T 31753—2015《马铃薯商品薯生产技术规程》，农药使用执行NY/T 1276—2007《农药安全使用规范　总则》，不使用高毒高残留农药。肥料使用执行NY/T 496—2010《肥料合理使用准则　通则》，遵守《农业转基因生物安全管理条例》。

5 标志使用

5.1 标志使用人条件

符合下列条件的单位和个人，可以向登记证书持有人申请使用农产品地理标志。

5.1.1 生产经营的马铃薯产自登记确定的地域范围。

5.1.2 已取得马铃薯相关的生产经营资质。

5.1.3 能够严格按照规定的质量技术规范组织开展生产经营活动。

5.1.4 具有牙克石马铃薯地理标志农产品市场开发经营能力。

使用牙克石马铃薯地理标志，应当按照生产经营年度与登记证书持有人签订农产品地理标志使用协议，在协议中载明使用的数量、范围及相关的责任义务。

5.2 标志使用人权利

5.2.1 可以在产品及其包装上使用牙克石马铃薯地理标志（采用牙克石马铃薯名称和农产品地理标志公共标识相结合的标注形式）。

5.2.2 可以使用登记的牙克石马铃薯地理标志进行宣传和参加展览、展示及展销。

5.3 标志使用人义务

5.3.1 自觉接受登记证书持有人的监督检查。

5.3.2 保证地理标志农产品的品质和信誉。

5.3.3 正确规范地使用农产品地理标志。

陈旗鲫质量控制技术规范

编号：AGI2016-03-1951

本质量控制技术规范规定了经中华人民共和国农业部登记的陈旗鲫地域范围、独特自然生态环境、特定生产方式、产品品质特性特征和质量安全规定、产品包装和标志使用等相关内容。

1 地域范围

陈旗鲫产自陈巴尔虎旗。陈巴尔虎旗隶属呼伦贝尔市，位于呼伦贝尔市西北部，地处呼伦贝尔草原腹地，地理坐标为东经118°22′46.16″～119°20′07.76″′，北纬49°46′57.65″～50°12′50.26″，东部和东北部分别与牙克石市、额尔古纳市接壤，东南与海拉尔区毗邻，南边接着鄂温克族自治旗，西与新巴尔虎左旗交界，西北与俄罗斯隔额尔古纳河相望，中俄边境线总长206.7千米（系水界）。该旗土地面积1.75万平方千米。2023年，陈巴尔虎旗生产总值完成141.91亿元。

2 独特自然生态环境

2.1 土壤地貌情况

陈巴尔虎旗地处大兴安岭西部末端向呼伦贝尔高平原过渡地带。地势由东北向西南逐渐降低，东半部为大兴安岭中低山丘陵，西半部为波状起伏的高平原（海拔为600～700米）。海拉尔河南岸有一条东西走向的固定和半固定沙带——呼伦贝尔沙地。呼伦贝尔草原环绕，河流湖泊众多，适合鱼类生长。水系中除鲫鱼外，还有鲤鱼、雅罗鱼、哲罗鱼、细鳞鱼、狗鱼、鲶鱼等。

2.2 水文情况

陈巴尔虎旗境内有莫尔格勒河、海拉尔河、额尔古纳河等5条河流，大小湖泊317个，天然矿泉95处。水源充足，水质清新，无污染。

2.3 气候情况

陈巴尔虎旗地跨森林草原与干旱草原两个地带，属中温带半湿润和半干旱大陆性气候。春季（4—5月）气温回升快，变幅大，天气变化剧烈；夏季（6—8月）多雨、炎热、湿润，是大雨、雷阵雨集中的季节；秋季（9—10月）气温开始逐渐下降，降水明显减少；冬季（11月至第二年3月）漫长而严寒，干旱、晴朗少云，降水少。

3 特定生产方式

3.1 产地

陈旗鲫必须产自所规定的地域范围。

3.2 产品要求

生产的鲫鱼为野生的鲫鱼，完全野生增殖，自然繁育。

3.3 质量要求

生产出的商品鲫鱼应符合相关的质量规定，冬季所生产的鲫鱼外观要清洁、色泽灰亮，无污垢、无杂质，肉质细腻有弹性。

3.4 产量要求

生产的鲫鱼产量要以鲫鱼可持续繁殖为前提，限量捕捞，具体以陈巴尔虎旗农牧和科技局核定的产量执行，不得突破核定的产量。

3.5 质量追踪体系

进入流通领域的产品，生产单位首先要在保证质量安全的前提下，要有专门的质量追踪体系，以保证广大消费群体的利益，出现质量问题要及时妥善解决，维护好产品的信誉。

4 产品品质特性特征和质量安全规定

4.1 形态特征

陈旗鲫体侧扁而高，体型短，无须，眼小，背鳍Ⅲ16~19，臀鳍Ⅲ5，侧线鳞28~33，下咽齿1行，腹腔膜因地域不同而异，为灰黑色或黑色。

4.2 内在品质

陈旗鲫鲜肉中富含蛋白质和10种必需氨基酸，谷氨酸含量高达2.52%，蛋白质含量15.3%，锌含量每千克6.7毫克，钙含量每千克3 290毫克。

4.3 遗传特性

陈旗鲫是一种普生性鱼类,生命力强,对环境有广泛的适应性。一般2龄可达性成熟,分批产卵,繁殖期一般在5—7月,产卵群体的雌雄比相差较大,雌鱼极多于雄鱼。陈旗鲫鱼属杂食性鱼类,多以水生高等植物的碎屑为主,其次是藻类、枝角类和少量昆虫的幼虫,生产过程没有向湖区投放任何人工饲料。

4.4 质量安全

严格按照无公害水产品生产技术规范及质量标准NY/T 5293—2004《无公害食品鲫鱼养殖技术规范》执行。

5 包装、标志使用等相关规定

5.1 包装

根据规格不同采用尼龙塑料充气包装,外包装为硬纸板箱。注意避免硬物刺破尼龙袋。

5.2 标志使用

使用人应在其产品或其包装上统一使用农产品地理标志(陈旗鲫名称和农产品地理标志公共标识图案组合标注形式)。

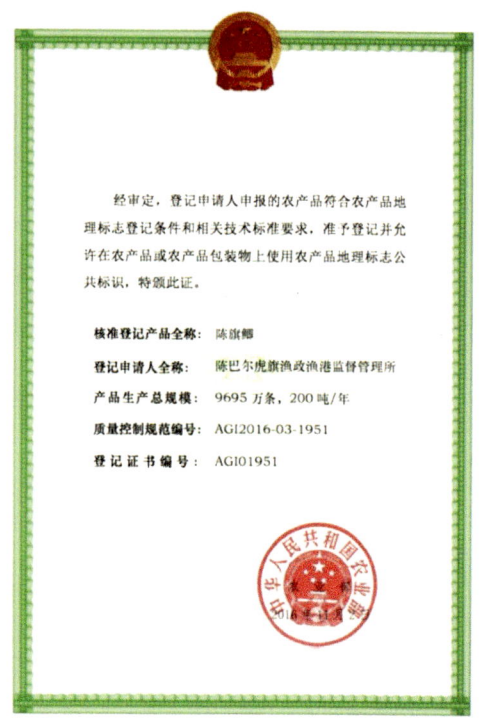

第三部分

呼伦贝尔农产品地理标志保护工程

呼伦贝尔油菜籽地理标志保护工程

根据内蒙古自治区农牧厅《关于组织申报2021年地理标志农产品保护工程项目的通知》(内农牧质发〔2021〕71号)精神,结合实际,呼伦贝尔农垦集团有限公司(海拉尔农牧场管理局)申报了"呼伦贝尔油菜籽"2021年地理标志农产品保护工程项目,并于2021年7月13日入围内蒙古中央财政地理标志农产品保护工程项目。

1 项目实施情况

1.1 资金落实情况

呼伦贝尔油菜籽地理标志农产品保护工程项目由呼伦贝尔农垦集团有限公司(海拉尔农牧场管理局)及旗下食品集团、科技公司和拉布大林农牧场承担。项目总投资541万元,包括财政资金361万元,企业自筹资金180万元。项目建设主要内容为着力提升地理标志产品综合生产能力、强化产品质量控制和特色品质保持以及加强品牌建设等方面,其中建设种植基地油菜晾晒大棚费用100万元;改善油菜种子加工基础设施,购置油菜种子丸粒化包衣设备费用90万元;品牌建设推广费用348万元(其中包括企业自筹资金180万元);开展生产经营主体培训费用3万元。

1.2 项目实施策略

1.2.1 加强组织领导,积极落实工作

为进一步加强组织领导和统筹协调,呼伦贝尔农垦集团有限公司及具体项目实施单位分别成立油菜籽地理标志农产品保护工程项目领导小组,协调管理,形成合力,积极推进呼伦贝尔油菜籽地理标志农产品保护工程项目工作启动落实。

1.2.2 完善生产设施,提高生产能力

呼伦贝尔农垦集团有限公司注重提升质量安全管控水平和地理标志农产品综合生产能力,为进一步改善生产基地的设施条件,拉布大林农牧场新建1 800平方米标准化油菜晾晒大棚,提升了粮食仓储水平,提高了生产效率和抗灾能力。

科技公司引入一套油菜种子丸粒化设备,在垦区推广丸粒化油菜种子及其相关的配套技术,有效改善油菜种子加工基础设施,提高油菜种子加工工艺流程,改善农业生

态环境，保证农产品质量安全，达到节本增收增效提升农产品品质的目的。

1.2.3 加强品牌建设，提升市场影响

依托地理标志农产品保护工程项目，记录呼伦贝尔油菜籽产地及苍茫谣芥花油浓郁地域特色的食材及其背后的地理、生态、人文故事，陆续拍摄了地理标志农产品保护工程宣传片、纪录片、"油菜籽成长记"动漫片。

撰写《好"籽"榨出"好油"来》呼伦贝尔油菜籽地理标志农产品保护工程纪实在多家媒体进行发布，其中包括农民日报、中国农网、学习强国等中央媒体平台，以品牌助推产业高质量发展。同时，充分利用公众号、社群团购等自媒体平台发布推文10篇，结合地理标志农产品保护工程项目以推文宣传的方式增加产品信任背书，同时通过赠品拉动产品销售，提升苍茫谣芥花油在新媒体渠道的销量和知名度以及产品认知度。

1.3 项目主要成效

通过项目建设，进一步完善"呼伦贝尔油菜籽"地理标志农产品生产基地的设施条件，优化垦区油菜优良品种区域布局，提高地理标志农产品综合生产能力、科技含量以及质量安全管控水平。同时完善生产标准化和质量可追溯制度，促进产地环境、生产过程、产品质量等全程科学化。

呼伦贝尔油菜籽地理标志农产品宣传片、纪录片及动漫片的拍摄，更好地体现地理标志农产品的溯源和"生产有记录、流向可追踪、质量可追溯、责任可界定"的核心竞争优势。自媒体、新媒体以及旗舰店等宣传推广工作，提高了地理标志产品的市场影响力、知名度和美誉度。

2 典型案例

呼伦贝尔油菜籽产自具有"中国芥花油之都"称号的呼伦贝尔市，产区位于大兴安岭与呼伦贝尔草原两大生态圈内，具有"高油、低芥酸、低硫苷"特征，得到专家、学者、消费者广泛认可。呼伦贝尔农垦集团有限公司通过实施地理标志农产品保护工程，有效推动了油菜产业高质量发展。

2.1 着力推进标准化生产体系建设，强化品质提升

组织制定、参与编制油菜种植及油脂生产加工等各环节全产业链技术规程和质量标准。打造了油菜绿色优质高效技术创新与集成示范、大型机械化保护性耕作技术模式示范、油菜水肥一体化生产技术模式示范、油菜籽高效低损收获技术示范，重点推行油菜种子丸粒化免耕精播技术，增强综合生产能力。

2.2 着力提升农垦农产品全面质量管理水平，实现农业生产数字化

12家油菜生产基地和加工基地成为农业农村部农垦农产品全面质量管理建设单位，追溯面积达到百万亩，为打造大健康产业打下了坚实基础。

2.3 着力构建"龙头企业+基地"模式，提高农产品加工转化率

加速推进生态产业化、产业生态化，补短板、强弱项，积极培育油菜籽加工重点龙头企业，通过生产工艺技术改造提高油菜加工转化率，积极探索开发新产品，延长产业链，将呼伦贝尔油菜籽生态优势转化为产业优势、品牌优势和经济优势。

2.4 着力创新推动品牌建设，拓宽市场新渠道

围绕"立足内蒙古、保障呼伦贝尔、服务北上广、辐射黑吉辽、走进一带一路"市场战略布局，全力打造"呼伦贝尔区域公共品牌+企业品牌+产品品牌"品牌体系。在油菜籽及其产品系列上推动以"呼伦贝尔农垦"为母品牌，构建了架构完整、结构合理、相互关联、类别清晰的母子品牌谱系，全面实施了品牌"孵化、创新、整合、提升"工程，以战略核心品牌、线上专用品牌、基础培育品牌、市场竞争品牌为品牌运营抓手，品牌建设方面有了质的飞跃。

2.5 着力开展水肥一体化技术示范推广，逐步形成一整套自动化、智能化模式

水肥一体化作为高标准农田创建、防灾减灾、单产提升行动和绿色农业可持续高质量发展的关键技术，要不断强化示范展示和技术落地。根据生产实际，筛选新型水溶肥料，提高肥料利用率，节本增效，减少农业面源污染，降低生产成本，实现耕地的可持续利用。同时试验自动化、智能化灌溉控制系统，明确油菜需肥规律，建立灌溉施肥模型，逐步形成油菜节水灌溉技术模式。

三河牛地理标志保护工程

2019年，内蒙古批准三河牛地理标志农产品入围内蒙古中央财政地理标志农产品保护工程项目。

1 保护工程实施情况

1.1 项目建设目标

三河牛是呼伦贝尔农垦几代人不懈努力培育的结果，是我国首个自主培育兼用牛品种。呼伦贝尔农垦按照"品种、品质、品牌、标准化生产"的发展思路，为深入挖掘、认真保护品牌价值，重点围绕三河牛的基地设施条件改善、三河牛品质保持提质扩群、知识产权保护及宣传推广、推进产业化发展、完善质量控制体系及技术推广等方面，通过项目实施，提升综合生产能力，推进品牌建设，强化知识产权保护，全面提升呼伦贝尔农垦特色优质农产品市场影响力、竞争力，辐射带动产业进步，促进农牧业高质量发展。

1.2 资金使用情况

按照农业农村部、财政部实施地理标志农产品保护工程工作安排，根据内蒙古《关于做好全区2019年地理标志农产品保护工程实施工作的通知》精神，项目实际发生费用373.84万元，财政补贴320万元，自筹资金53.84万元。

1.3 任务落实情况

1.3.1 增强综合生产能力方面

为保证三河牛品质保持提质扩群，谢尔塔拉农牧场投资127.8万元购置了67头三河牛母牛，目前三河牛存栏4.19万头。

1.3.2 提升产品质量和特色品质方面

完善三河牛养殖技术规范，健全三河牛养殖记录与档案，开展三河牛养殖技术、三河牛奶酪制作工艺操作培训，委托三方机构对三河牛奶酪切达、哈罗米及三河牛牛奶进行质量检测，掌握产品品质。

1.3.3 积极推进产业化发展方面

进一步完善三河牛配套产业链，提升地理标志农产品附加值，推进产业化发展，谢尔塔拉农牧场改造完成乳制品实验室和乳制品冷藏室共96平方米（包含供暖设备），建成奶酪生产作坊，购置酸奶加工设备1套、乳品加工设备1套及奶酪加工设备1套。以"三河牛"为子商标，委托呼伦贝尔塞尚乳业有限公司生产纯牛奶，自产奶酪，均已投入市场。

1.3.4 加强品牌建设方面

先后组织参加全区推进牧区现代化试点工作现场会、第八届内蒙古绿色农畜产品博览会暨优良品种推广会，三河牛作为内蒙古自治区乳肉兼用牛唯一品种首次入展优良畜种展区，这是呼伦贝尔农垦培育三河牛60年来第一次走出呼伦贝尔在全区范围内以参展的形式进行品种推介，展示了呼伦贝尔农垦绿色食品和三河牛品种的发展成就。

在第十八届中国国际农产品交易会暨第二十届中国西部（重庆）国际农产品交易会上，三河牛牛奶亮相交易会，在中国农垦经济发展中心承办的"我最喜爱的农垦美味"投票活动中，三河牛奶产品以奶香浓郁、口感独特、绵软不失韧性的美誉，5天内民众投票140余万，获得"我最喜爱的农垦美味"品牌。

2020年11月13日，自治区党委副书记、自治区主席布小林深入谢尔塔拉农牧场调研民族传统奶制品产业发展。在2020年12月15日内蒙古自治区奶业振兴新闻发布会上布小林主席高度重视三河牛奶业发展，亲自为三河牛系列产品代言。2021年7月17日，三河牛奶酪参加第十二届中国奶业大会暨2021中国奶业展览会；2021年8月末推送《闻名遐迩三河牛》作品参加第九届全国品牌故事大赛和第三届内蒙古农牧业品牌故事大赛，参赛作品分别获得大赛演讲和微电影三等奖。2021年11月，呼伦贝尔农垦集团有限公司入围《人民日报》数字传播"人民好品工程"，三河牛牛奶获得"人民好品"联名使用权。

利用牧区广播电台推广宣传三河牛产品；制作三河牛广告宣传牌、制作"闻名遐迩三河牛"专题宣传片、三河牛乳制品宣传片投放至《人民日报》数字传播等传统媒体及新媒体；2019年三河牛被全国名特新优农产品名录收集登录。

1.3.5 推动身份标识化和全程数字化方面

完成购置安装智能牛用称重系统，购置奶牛项圈480个，完善核心群反刍发情预报系统，实现数字化管理。

1.4 项目主要成效

1.4.1 建立多形态保种扩繁推广体系

科学制定保种扩繁方案，稳步实施现有三河牛各家系的基因提纯选育提高，进行自繁扩群，使核心群存栏达到2 400头；加大对三河牛性控冻精的研发力度，生产性控冻精1万剂以上；辐射带动牧区养殖户，为牧区提供本交公牛153头，出售冻精22 562支，形成了多形态的三河牛保种扩群繁殖推广体系。

1.4.2　形成多渠道营销推广模式

实现三河牛牛肉、纯牛奶、干酪、鲜酪、酸奶、巴氏奶等三线整合生产的创新生产模式，推出了三河牛品牌系列产品，基本形成"旗舰店+直营店+超市专柜+网络电商+大客户团购"的销售模式，与京东、阿里巴巴、淘宝等大型平台建立了合作，提升了消费者的信任度和认知度，形成了品牌定位，提高了产品销售价格和竞争实力。

1.4.3　显著提升品牌知名度

采取多种形式加强宣传推广，通过在中央、省级及其他媒体、展会等形式开展专题宣传活动10余次，积极打造地理标志农产品这块金字招牌，成功树立"闻名遐迩三河牛"形象，地理标志品牌知名度以及产品覆盖率明显增强。

2　典型案例

借助三河牛地理标志农产品保护工程项目，进一步优化呼伦贝尔农垦集团有限公司农牧业产业结构，示范带动垦区打造一批养殖上规模、管理上水平、产品上档次的集优质种植—养殖—产品深加工—销售推广为一体的三河牛产业链发展基地，推动垦区一二三产业深度融合发展。

2.1　推动三河牛产业发展标准化

制定了涵盖全产业链的《呼伦贝尔农垦三河牛养殖技术操作规范》《呼伦贝尔农垦"三河牛"生鲜乳产品质量企业标准（内部）》《呼伦贝尔农垦"三河牛"奶酪产品质量企业标准（内部）》《呼伦贝尔农垦"三河牛"牛肉产品质量企业标准（内部）》《呼伦贝尔农垦"三河牛"纯牛奶产品质量企业标准（内部）》，标准先行，努力提升三河牛品种特性，挖掘品种差异化价值，建立三河牛奶酪厂，增加三河牛产品附加值，打造"产学研一体化"良性循环发展模式，实现"种养结合、产销一体、精深加工"的全产业链标准化发展。

2.2　推动三河牛产业发展壮大

2020年，呼伦贝尔农垦在国家开展畜牧产业扶贫和援藏援疆行动中成功入藏60头三河牛，提高奶牛良种化生产水平，推动了西藏乳肉产业发展。

2.3 推动三河牛产业融合发展

利用三河牛品牌和地理标志打造了以谢尔塔拉农牧场为中心,以农田、农机、三河牛牛场、智慧农业为研学科普和观景内容的AA级三河牛文化主题景区,通过旅游把一二三产有效融合起来,打造出"天地牛人"的三河牛旅游品牌,为景区社会经济高质量发展开辟了新路、为垦区产业融合发展树立了样板。

三河马地理标志保护工程

2020年8月28日，内蒙古自治区农牧厅、财政厅下达《关于印发部分中央财政涉农专项转移支付项目实施方案的通知》（内农牧计财发〔2020〕263号）文件，批准三河马地理标志农产品入围2020年地理标志农产品保护工程项目。

1 项目建设基本情况

1.1 项目概况

项目总投资527.8万元（包含中央预算资金480万元，企业自筹资金47.8万元）。三河马地理标志农产品保护工程项目，在整合养殖基地的基础上，结合呼伦贝尔市马产业发展趋势，加大三河马保护及繁育力度，加快繁育、改良和提纯复壮，建立三河马核心群档案，促进现代繁育技术升级。完善马文化旅游基础设施建设，不断加强马文化与休闲旅游业融合，以旅游带动马产业发展。在"海拉尔—室韦"旅游沿线优势区域建设三河马文化展示园（建筑面积1 000平方米）。在园区内建设三河马文化馆、肉制品加工作坊、奶制品加工作坊、产品销售区，购置三河马肉制品、奶制品加工设备2套，开展奶制品产品包装设计与制作及品牌宣传。全方位展示三河马发展历史、马产品、马运动用品、马艺术品及文化，塑造三河马文化旅游品牌，促成三河马文化、蒙古马精神成为呼伦贝尔农垦乃至呼伦贝尔的名片。

1.2 项目实施策略

1.2.1 增强综合生产能力

三河农牧场对所辖范围内马养殖户进行入户调查，对马匹进行谱系及体尺鉴定，建立三河马档案，并完成三河马地理标志农产品保护工程两个核心群（每个核心群100匹基础母马）的建立。同时积极推进核心群巩固提升工作，加强保种场基础设施建设，推广繁育，扩大种群数量。

1.2.2 提升产品质量和特色品质

2020年11月，对全场三河马养殖户进行了入户调查，对达到选育标准的三河马进行规范饲养管理，参照三河马饲养管理标准执行，并建立生产日志。同时聘请马饲养专家对技术人员进行培训，技术人员到养殖户家中进行技术指导，与马匹养殖户微信互动关注马的养殖信息。

同时，连续多年举办集团公司质量安全培训班，提高了全垦区各单位质量安全意识。同时委托三方机构完成了肉制品、奶制品营养指标测定工作，进一步了解质量成分。

1.2.3 加强品牌建设

一是三河农牧场在各级媒体平台发表报道累计17篇，其中国家级媒体5篇、自治区级媒体1篇、呼伦贝尔市级报道2篇，呼伦贝尔农垦报第三版开设三河马专栏，连载8篇。此外，2021年8月推送的《三河马品牌故事——人马情未了》作品参加第九届全国品牌故事大赛和第三届内蒙古农牧业品牌故事大赛，均获得大赛三等奖。

二是在"海拉尔—室韦"黄金旅游沿线、S201省道至三河四队入口及下护林入口处制作设置巨型宣传牌4幅，在项目选址地做了两幅项目概述图版并利用20米高擎天柱宣传三河马地理标志农产品保护工程项目，提升地理标志农产品保护工程知名度。

三是完成三河马地理标志农产品保护工程宣传片拍摄制作工作以及三河马肉制品、奶制品产品包装设计工作。

四是成功打造"呼伦贝尔农垦"母品牌及"三河马"子品牌。2024年6月19日，召开2024年（第二十一届）世界品牌大会，呼伦贝尔农垦荣膺"2024年中国500最具价值品牌"殊荣，品牌价值达201.35亿元，位列榜单第377位。

1.3 项目主要成效

一是把发展地理标志农产品作为农业品牌创建的重要抓手。按照中央提出的"要加强品牌建设，积极争创名牌，用品牌保证人们对产品质量的信心"的要求结合项目实施方案，完成全部建设内容，包括三河马档案建立、良种登记；新建面积999.24平方米的三河马文化馆一处；购置了三河马肉制品、奶制品加工作坊设备2套；完成了三河马肉制品、奶制品包装设计与制作；完成了地理标志农产品宣传片的制作；完成了肉制品、奶制品营养指标测定等。

二是填补了马产业链中有关三河马文化的空白。结合呼伦贝尔市马产业发展趋势以及旅游态势，建设三河马文化馆，不断加强地理标志农产品标准化生产基地建设和市场宣传，完善马文化旅游基础设施建设，使马文化与休闲旅游业进一步融合，以旅游带动马产业发展。同时推动马文化挖掘、研究、传播和推广，延长马产品产业链，促进一二三产融合发展，助力马产业高质量发展。

三是进一步扩大了三河马的影响力。项目的实施强化了三河马的宣传工作，使更多人认可了三河马，最大程度保护了三河马种群的数量与质量。三河农牧场作为规模化、现代化农牧场公司，现有3 393匹马，产值可达3 000多万元。

2 典型案例

2.1 农民收入增长

目前，三河农牧场养马户91户，马匹3 393头，其中基础母马1 941匹。近年来通过惠及饲养户秸秆补助，技术扶持，马匹防疫、检疫等措施，加上个人购置优良种畜抚育品种更新，养马业持续发展。每年产驹1 500余匹，平均每匹马可增收4 000元，提高了养畜户收入，加快了乡村振兴的步伐。

2.2 展示历史传承

参加"第十一届全国品牌故事大赛巴彦淖尔赛区暨第七届内蒙古质量品牌故事大赛"，《一代国宝三河马》获得"优秀奖"，呼伦贝尔农垦集团有限公司荣获"优秀组织单位奖"，进一步讲好农垦故事，弘扬农垦精神。

2.3 拓展脱贫攻坚

呼伦贝尔农垦集团有限公司每年度帮扶欠发达农牧场经营发展，其中包含三河农牧场，减轻企业负担，助力企业建设。同时三河农牧场每年度会帮扶周边贫困农户，开展雷锋志愿服务活动，营造良好氛围，推动地区发展。

呼伦贝尔农垦
Hulun Buir State Farm

  呼伦贝尔农垦集团始建于1954年，属农业农村部农垦局直供垦区，是一家规模化、集约化、现代化程度较高，一二三产业融合发展的大型国有农垦企业。拥有耕地600万亩、草原1000万亩、林地40万亩、水面13万亩，施业区分布在呼伦贝尔市10个旗（市、区）境内，耕地规模位居全国农垦第三位。现下辖3个产业化集团、24个现代化农牧场公司、1个院士专家工作站、1个工程实验室、2个科研中心、2个研究院，在职员工1.6万人。发展优势独特，自然资源丰富，生态环境优质，组织化、集约化、标准化程度高，田间综合机械化水平达99%，农业科技贡献率70%以上，与中国科学院、中国农业科学院、中国农业大学等多个科研院所在生态草牧业、畜种改良、种子工程等多领域开展科研合作，中国科学院两个A类先导科技专项"生态草牧业科技体系"和"'黑土粮仓'科技会战"在此实施。

  经过近70年的发展，呼伦贝尔农垦集团充分展现了内蒙古自治区农牧业产业化龙头带动作用，是维护边疆稳定、振兴民族地区经济和引领地区农牧业发展的骨干力量。

苍茫谣芥花油所用原料为国家农产品地理标志登记产品，原料来自呼伦贝尔农垦600万亩休耕轮作黑钙土地，农垦集团全产业链管控。苍茫谣芥花油通过绿色食品认证。采用物理压榨工艺，纯净无添加，营养不流失；一滴油包含多种营养，富含天然维生素E，不饱和脂肪酸含量达92.8%；口感清爽不油腻，还原食材本真味道，更适合新鲜食材。

三河牛纯牛奶质优色浓、味甘，生牛乳源自呼伦贝尔农垦集团旗下谢尔塔拉农牧场，其原料为100%生牛乳，通过最佳杀菌温度，保证牛奶自然风味的呈现。直接饮用：纯正乳香，口感细腻；调制咖啡：奶泡绵密，极致口感。

夏日天然矿泉水源自崇山峻岭、林海茫茫的大兴安岭东麓，是世界公认无污染地区，被评为"中国优质矿泉水源"。这里的泉水经千年岩层过滤自涌而出，富含偏硅酸等多种矿物质，天然弱碱无添加，低矿化度、清冽微甜、口感更佳。

北一季面粉以大草原和大森林之间无污染种植区的优质小麦为原料。粉质自然无添加，口感纯正有营养。**北一季大米**生产周期长，昼夜温差大，光照充足，充分吸收土壤中的营养物质。米香纯正、晶莹剔透、颗粒饱满、口感筋道。